Kurt Henseler

Gesundheit und Energie durch Zimmerpflanzen

Kosmos

Ein Sitzplatz im Grünen hat immer einen Erholungswert.

Für Pflanzen findet man stets ein Plätzchen.

Inhalt

Pflanzen als Luftreiniger

Luftfeuchtigkeit regulieren, Luftschadstoffe abbauen und das Wohlbefinden des Menschen verbessern – ein Biosystem, das sich ständig erneuert.

Anthurien sind auffallend schön.

DICKE LUFT IN GESCHLOSSENEN RÄUMEN

Immer wieder werden wir mit dem Problem der Luftverunreinigung konfrontiert. Ein schwerer Fehler wäre es, anzunehmen, dass man dieser Gefahr entgehen könnte, bliebe man einfach zu Hause und machte die Tür hinter sich zu. Es ist nämlich längst bittere Tatsache, dass die gesundheitlichen Gefahren, die von schadstoffbelasteter Innenraumluft ausgehen, zu ge-

Verschiedene Zimmerpflanzen verschönern den Raum.

sundheitlichen Schäden führen können. Und statistisch gesehen verbringen wir etwa 22 Stunden eines Tages in irgendwelchen Räumen und nur zwei Stunden außerhalb.

Bereits in den 50er-Jahren begannen Mediziner in den USA damit, die Qualität der Atemluft in geschlossenen Räumen in Beziehung zu Allergien und chronischen Erkrankungen zu setzen. Es war dann, wie könnte es anders sein, die Raumfahrtforschung in den USA, die herausgefunden hat, wie die Qualität der Innenraumluft durch Pflanzen verbessert werden kann.

Schadstoffe können die Umwelt belasten.

Das Problem der schadstoffbelasteten Innenraumluft bekam noch eine größere Bedeutung, als nach der letzten Energiekrise die Isolierung unserer Gebäude wesentlich verbessert werden musste. Die Kehrseite allerdings ist nun eine vermehrte Zunahme von allergischen Reaktionen und anderen chronischen Krankheiten.

Maximale Schadstoffbelastung

Selbst der Deutsche Bundestag hat sich mit diesem Thema schon 1988 beschäftigt. In diesem Zusammenhang sei auch erwähnt, dass im Gegensatz zu unseren Wohnräumen für die Arbeitsräume so genannte MAK-Werte(maximale Arbeitsplatz-Konzentration) vorhanden sind. Diese wurden von der Deutschen Forschungsgemeinschaft für etwa 500 Stoffe erarbeitet. Würden die darin vorgeschriebenen Obergrenzen auch für private Wohnungen gelten, hätte dies zur Folge, dass schätzungsweise 10 % der Wohnungen als nicht bewohnbar angesehen werden müssten. Millionen von Menschen hätten Hausverbot in ihren eigenen vier Wänden.

Grünlilien haben sich bei der Luftschadstoffbeseitigung besonders bewährt.

Schaffen Sie eine angenehme Wohnraumatmosphäre mit Zimmerpflanzen.

Luft bedeutet Lebensenergie

„Luft ist das Brot der Lunge, mit dem Unterschied, dass sie nicht geschluckt, sondern geatmet wird!“ Man kann auch sagen, dass die Luft unser unentbehrlichstes Nahrungsmittel überhaupt ist. Wir können sie nicht einmal für wenige Minuten entbehren. Dies ist auch der Grund, warum „hermetisch“ (luftdicht) abgeschlossene Wohnräume alles andere als gesund und förderlich für uns Menschen sind. Ursprünglich bestanden unsere Behausungen ja aus luftigen Zelten, sie waren in Felsen- oder Erdhöhlen eingebaut, oder aber sie waren aus Blöcken errichtet. Und erst als es möglich war, diese Behausungen luftdicht mit Lehm, Steinen oder Ähnlichem zu verschließen, musste man Luft- und Lichtlöcher (Fenster) einbauen. Das Übel nahm seinen Lauf. Viele Zivilisationskrankheiten sind erst bekannt, seit die Menschen anfingen in geschlossenen Räumen zu leben, in denen sie sich den sowieso schon geringen Sauerstoff noch gegenseitig wegatmeten und gleichzeitig die Luft noch mit ihren Ausdünstungen belasteten. *„Zu lachen wag' ich kaum, damit ich nicht der üblen Luft möchte Einlass geben“*, lässt W. Shakespeare den Cäsar sagen.

„KRAFTWERK PFLANZE“

Pflanzen liefern uns den lebensnotwendigen Sauerstoff zum Atmen und verbrauchen das für uns schädliche Kohlendioxid und andere Schadstoffe. Sie sind für uns Nahrungsmittel und Energielieferanten (Holz, Kohle, Erdgas und Erdöl). Zudem stellen sie den wichtigsten Rohstoff für die Textilindustrie dar. Kurzum: Sie sind unsere alleinige Lebensgrundlage.

Pflanzen können auch im Schlafzimmer stehen.

Diese Pflanzen sind alle fürs Kinderzimmer geeignet.

Wenn wir uns nach möglichen Alternativen umsehen, müssen wir sehr schnell erkennen, dass es weit und breit keine davon gibt. Die durch Mensch und Tier verbrauchte Sauerstoffmenge wird durch die Leistungen der grünen Pflanzen zu Wasser und zu Lande ständig wieder erneuert. Dieser Vorgang ist unter der Bezeichnung Assimilation schon längst bekannt.
Die lebenserhaltende chemische Formel lautet: Kohlenstoff + Wasser $\xrightarrow{\text{Licht}}$ Kohlenhydrat + Wasser + Sauerstoff.
Das Energie spendende Kraftwerk Pflanze erbringt diese Leistung nur unter dem Einfluss des Lichtes. Bei Dunkelheit dagegen verbrauchen die Pflanzen Sauerstoff und geben Kohlendioxid ab.
Diese Tatsache hat dazu geführt, dass man allgemein befürchtete, Pflanzen im

Schlafzimmer wären ungesund, weil sie nachts Sauerstoff verbrauchen und dabei noch das für den Menschen gefährliche Kohlendioxid ausscheiden. Dies ist zwar theoretisch richtig, praktisch jedoch bedeutungslos. Untersuchungen an der Universität Köln haben nämlich gezeigt, dass eine nennenswerte Sauerstoffproduktion durch Pflanzen im Zimmer unter realistischen Bedingungen illusorisch ist. Mehr als 1-2 % der für den Menschen notwendigen Sauerstoffmenge sind nicht zu erzielen, wollte man den Innenraum nicht in einen Urwald verwandeln. Gezieltes Lüften bringt da schon eher den notwendigen Sauerstoff in die Räume. Wenn aber tagsüber nur 1-2 % der für den Menschen notwendigen Sauerstoffmenge produziert wird, kann in der Nacht von den Pflanzen nicht mehr an Sauerstoff aufgebraucht werden. Die Konsequenz: Pflanzen im Schlafzimmer sind also nicht schädlich!
Im Kraftwerk Pflanze werden neben dem Sauerstoff auch Kohlenhydrate, die Grundlage für unsere gesamte Ernährung, produziert. Neben Licht und Wasser benötigen die Pflanzen - sozusagen als Dünger - das für uns giftige Kohlendioxid.

Pflanzen und Tiere umgeben den Menschen.

Mensch, Tier und Pflanze ...

... ergänzen sich hervorragend: Mensch und Tier atmen Sauerstoff ein und Kohlendioxid aus. Die Pflanze benötigt dieses ausgeatmete giftige Kohlendioxid und liefert dafür den lebensnotwendigen Sauerstoff. Die Schlussfolgerung daraus kann nur lauten:
Je mehr Pflanzen, umso besser für Menschen und Tiere!

Das Sick-Building-Syndrom

Nicht zuletzt hervorgerufen durch Bauvorschriften zur notwendigen Energieeinsparung, werden unsere Gebäude stets besser isoliert. Ein Luftaustausch findet immer weniger statt.
Es ist daher heute auch kein Geheimnis mehr, dass die Gefahren, die von der Luftverunreinigung der Innenräume ausgehen, gesundheitliche Probleme bringen können.

Für kleine Pflanzen ist auch in der Küche Platz.

Man spricht dann von dem „Sick-Building-Syndrom“ oder aber frei übersetzt von den „krank machenden Gebäuden“. Auf der Suche nach einer Lösung dieses Problems können wir feststellen, dass, wie auf vielen Gebieten unseres täglichen Lebens, wir auch hier von der Raumfahrtforschung profitieren.
Für die bemannte Raumfahrt wurden langfristige Lösungsmöglichkeiten gesucht, um die Luftverschmutzung in geschlossenen Räumen zu vermindern. Es zeigte sich dabei, dass Zimmerpflanzen geeig-

net sind, gefährliche Luftschadstoffe wie Formaldehyd, Benzole und Kohlenmonoxid abzubauen. Gewiss eine geniale Lösung!

Pflanzen im Büro bringen Freude, fördern die Leistungsfähigkeit und tragen zur Steigerung der Produktivität bei.

Pflanzen verbessern das psychische Wohlbefinden

Vorbei sind die Zeiten des „Siechtums“, wo der Sauerstoffhunger den Menschen in ihren „welken“ Gesichtern geschrieben stand und wo Schulkinder, die seit ihrer Geburt an Lufthunger erkrankt waren, dadurch geheilt wurden, dass man sie aufs Land schickte (Kinderlandverschickung). Viele von uns wohnen bereits im „Grünen“ und andere bemühen sich noch, dort wohnen zu können. Und trotz allem gibt es noch Millionen von Menschen, die als Großstadtbewohner wenig oder gar keinen Kontakt zur Natur haben.

Was hat das für Folgen? Heute gibt es bereits genügend Beweise dafür, dass der Kontakt mit der Natur allgemein und mit den Pflanzen im Besonderen das psychische Wohlbefinden des Menschen verbessern kann. Man spricht sogar von einem direkten Stressabbau. Die Veränderungen in der Lebenswelt des Menschen sind in den letzten 70 Jahren fundamental. Die Veränderungen in der Biologie des Menschen, seiner Physiologie und seiner Erbmasse in den letzten 10 000 Jahren halten sich dagegen aber in engen Grenzen.

Das bedeutet unter anderem, dass uns von unserer Herkunft her in Wald, Feld und Flur alles mehr oder weniger bekannt und vertraut vorkommt. Aber wehe uns, wenn wir in einer Großstadt mit Millionen anderer Menschen zusammenleben. Nichts oder so gut wie nichts ist uns bekannt. An jeder Straßen- oder Häuserecke wird uns Gefahr signalisiert. Der dabei entstehende Stress kann unerträglich werden. Und was ma-

Pflanzen verschönern auch ein helles Treppenhaus.

Wintergärten werden bei Pflanzenliebhabern immer beliebter.

chen wir, wenn wir müde und abgespannt sind? Wir gehen ins Grüne! Oder aber unter Umständen zur Kur! Gibt es einen einzigen Kurort ohne einen entsprechenden Kurpark?
Aber wann können wir denn ins Grüne gehen, wenn wir uns etwa 22 von den 24 Stunden eines Tages in irgendwelchen Innenräumen aufhalten (müssen)? Was liegt in dieser Situation näher, als dass wir uns „das Grüne“ nach Hause holen oder an unseren Arbeitsplatz?

Stressabbau im Grünen

Untersuchungen, die Roger S. Ulrich; Ph.D. am College of Agriculture, Texas A&M University, durchgeführt hat, kamen zu folgenden Ergebnissen: In einem Laborversuch wurden 120 Versuchspersonen zunächst mit einem Stress erzeugenden Film konfrontiert und anschließend willkürlich für eine „Regenerationszeit“ eingeteilt. In dieser Zeit wurden Videobänder gezeigt mit städtischer Umgebung ohne Natur und mit natürlicher Umgebung. Die Auswertung erfolgte einerseits mit Fragebögen, auf denen die Versuchsteilnehmer ihre Gefühle selbst einschätzen sollten. Zusätzlich wurden Körperveränderungen wie die elektrische Leitfähigkeit der Haut, die Muskelspannung und die Herzfrequenz gemessen.
Alle Befunde zeigten deutlich, dass die Versuchspersonen die Spannungen schneller und vollständiger abbauten, wenn ihnen Darstellungen natürlicher Umgebungen angeboten wurden. Interessant dabei war auch die Geschwindigkeit des Spannungsabbaus, der sich bereits nach fünf Minuten visuellen Kontaktes mit Darstellungen von üppiger Vegetation zeigte. Andere Untersuchungen von T. A. Hartig (1993) demonstrierten, dass der Nutzen eines visuellen Kontaktes mit Pflanzen unter Stresseinfluss am größten ist. Aber auch völlig entspannte Personen erlebten ein größeres Wohlbefinden. Wenn schon der Anblick von Pflanzen auf Video Stressabbau bewirkt, um wie viel mehr dann der direkte Kontakt.

Ein Wintergarten – trotz seines Alters immer noch attraktiv.
Rechts: *Ficus pumila*

Keine Pflanzen, trockene Luft – da ist die Erkältung nicht weit.

Heizkosten senken

Pflanzen erhöhen die Luftfeuchte

Pflanzen verdunsten Wasser und tragen dadurch zur Erhöhung der Luftfeuchte bei. Ist die Luftfeuchtigkeit optimal, kann die Raumtemperatur niedriger gehalten werden.

LUFTFEUCHTE UND RAUMTEMPERATUR

Betrachten wir nun das Problem der Luftfeuchtigkeit in unseren zentral geheizten Zimmern: Optimale Luftfeuchtigkeit in Räumen fördert unser Wohlbefinden und spart Heizkosten. Die optimalen Werte für die Luftfeuchtigkeit liegen (bei einer Zimmertemperatur von 18 - 24 °C) bei 45 - 55 %. Vereinfacht und auch leichter zu merken, kann gesagt werden: Bei einer Raumtem-

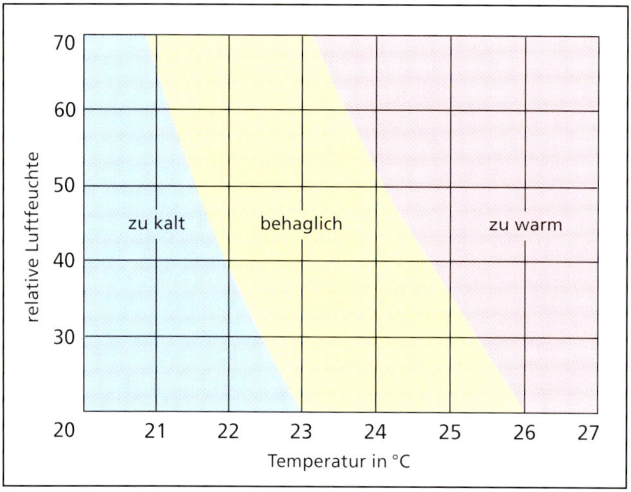

Behaglichkeit in Abhängigkeit von Temperatur und relativer Luftfeuchte (zitiert nach F. D. Balkowski in: Gesund bauen und wohnen, R. Müller Verlag, Köln 1983)

peratur von 20 °C sollte die Luftfeuchtigkeit bei etwa 40 % liegen. Diese Werte gilt es also zu erreichen.

Angenehme und unangenehme Temperaturen

Oft beträgt aber bei dieser Temperatur die Luftfeuchtigkeit gerade einmal 25–30 %. Dies wird dann meist als zu kühl empfunden. Man fühlt sich nicht behaglich und erhöht daher die Raumtemperatur. Sieht man die Behaglichkeit im Zusammenhang zwischen Temperatur und Luftfeuchtigkeit (siehe oben stehende Tabelle), kann man Folgendes erkennen: 22 °C Raumtemperatur bei einer relativen Luftfeuchtigkeit von 30 % wird eindeutig als unbehaglich (kühl) empfunden. Wird die Luftfeuchte auf 40 % erhöht, reicht die Raumtemperatur von 22 °C dagegen für einen behaglichen Aufenthalt im Raum völlig aus. Die Erhöhung der Luftfeuchtigkeit um 10 % erspart so unter dem Strich die Heizkosten, die erforderlich wären, den Raum entsprechend mindestens um 1 °C aufzuheizen, nämlich von 22 auf 23 °C. Durch dieses Aufheizen würde natürlich die Luftfeuchtigkeit dann noch weiter absinken. Neben einem erhöhten Energiebedarf, mit erhöhten Heizkosten sinkt die relative Luftfeuchtigkeit weiter und es entsteht eine Kettenreaktion:

- ▶ Die Schleimhäute trocknen aus, Folgen sind Husten, Heiserkeit oder Bronchitis.
- ▶ Die Lebensdauer von Krankheitskeimen wird erhöht.
- ▶ Die Haut trocknet aus und muss mit Hautcreme gepflegt werden.
- ▶ Luftbewegung zusammen mit einer möglichen Staubaufwirbelung kann entstehen. Ist die Luftfeuchte optimal, fällt der Staub wassergesättigt zu Boden.
- ▶ Die Teppichböden können sich elektrostatisch aufladen. Dies ist besonders lästig, da das Gehen über derart aufgeladene Teppichböden unangenehme Folgen haben kann: Berührt man nämlich mit den Fingern die Türklinke spürt man ein durchdringendes Zucken. Die dabei entstehenden Spannungen können mehrere Tausend Volt betragen.

Alles in allem lässt sich daraus die **Schlussfolgerung** ziehen: Überheizte Räume bedeuten mehr Erkältungskrankheiten!

Wasser in der Luft

Wie bereits erwähnt, stehen Luftfeuchtigkeit und Raumtemperatur in einem engen Zusammenhang. Bei einer bestimmten Temperatur kann die Luft eine bestimmte Höchstmenge an Wasser in Form von Wasserdampf aufnehmen. Ist die Höchstmenge erreicht, spricht man von einer wassergesättigten Luft. Das Verhältnis zwischen dem tatsächlich aufgenommenen Wasser und der Wassermenge, die zur Wassersättigung bei gleicher Temperatur erforderlich ist, wird als die so genannte relative Luftfeuchtigkeit bezeichnet. Steigt die Raumtemperatur an, kann die Luft mehr Feuchtigkeit aufnehmen. Sinkt die Temperatur, fällt das Wasser in der Luft in Form von Niederschlag aus. Bei einer angenehmen Raumtemperatur von 16 - 20 °C und einer relativen Luftfeuchtigkeit von 40 % sind in einem Kilo Luft etwa 4 - 5 g Wasser in Form von Wasserdampf enthalten.

Pflanzen brauchen feuchte Luft

Eine ausreichende Luftfeuchtigkeit ist aber nicht nur für den Menschen, sondern auch für die Pflanzen selbst erforderlich – für den Assimilationsvorgang. Das für die Photosynthese notwendige Kohlendioxid, ein Gas in der Luft, gelangt nur über die Spaltöffnungen an und in die Blätter und Stängel der Pflanze. Diese Spaltöffnungen sind mit Schließzellen versehen, die sich nur bei ausreichender Luftfeuchtigkeit öffnen und das Kohlendioxid einlassen. Ist die Luft zu trocken, schließen sich die Spaltöffnungen, das Kohlendioxid kann nicht aufgenommen werden.
Der Assimilationsvorgang wird eingestellt (der Motor bleibt stehen). Die Pflanzen kümmern erst und gehen schließlich ein.

Möglichkeiten der Luftbefeuchtung

Dieser Extremfall kommt in unseren Räumen nur äußerst selten vor. Im einfachsten Fall lässt er sich mittels Aufstellen von Verdampfungsgefäßen, die mit Wasser gefüllt werden, verhindern. Die Pflanzen sind aber zudem sehr dankbar, wenn sie während der Heizperiode öfter mal mit Wasser besprüht werden.
Der Absatz von Zimmerspringbrunnen boomt zur Zeit ebenfalls.
Außerdem werden Luftbefeuchtungsgeräte in den verschiedensten Ausführungen angeboten. Sie sind relativ teuer und hygienisch nicht unumstritten. Denn tritt bei

Zyperngras hat die höchste Verdunstungsleistung.

ihrer Anwendung ein technischer Fehler auf, kann es zur Schimmelbildung an Wänden und Decken kommen. Bei der Verwendung von Pflanzen zur Erhöhung der Luftfeuchtigkeit haben wir aber ein Biosystem, das sich ständig selbst erneuert. Bei hohen Temperaturen und niedriger Luftfeuchte verdunsten sie mehr Wasser als bei niedriger Temperatur und hoher Luftfeuchte. Eine mögliche Schimmelbildung an Wänden und Decken kann nicht entstehen. Das Biosystem funktioniert einwandfrei.
Merke: Die Pflanzen verdunsten 98 % des von uns gegebenen Gießwassers. Sie selbst sind also überaus genügsam. Die Verdunstungsleistung hängt natürlich von der Kondition der Pflanzen ab. Irgendwelche „Zimmerhelden", die selbst nicht leben und nicht sterben können, bringen natürlich keine Leistung mehr. Sie haben ihre Spaltöffnungen geschlossen und kämpfen ums nackte Überleben. Kräftige und gesunde Pflanzen dagegen, die eine große Blattoberfläche (Verdunstungsfläche) besitzen, sind optimal geeignet, die Luftfeuchtigkeit zu erhöhen – so z. B. Zimmerlinde und Zyperngras.
Um dies zu verstehen sind Kenntnisse über ihre Lebensvorgänge daher sicherlich vorteilhaft.

Farne tragen wesentlich zur Erhöhung der Luftfeuchtigkeit bei.

Schimmelbildung übersehen, Pflanzen überfordert

PFLANZEN BAUEN SCHADSTOFFE AB

Doch wenden wir uns nun dem Schadstoffabbau durch die Pflanzen zu.

NASA-Untersuchungen

Untersuchungen der amerikanischen Raumfahrtbehörde, die hier in Deutschland ergänzt und bestätigt wurden, zeigen, dass Pflanzen durchaus in der Lage sind, Schadstoffe aus der Luft unschädlich zu machen. Erst eine Überkonzentration dieser Schadstoffe führt dazu, dass die Leistungsfähigkeit der Pflanzen überfordert wird: Die Pflanzen kümmern oder gehen ein. Das Maß ist überschritten.

Es war in erster Linie Dr. B. C. Wolverton, Wissenschaftler im John C. Stennis Space Center (SSC) der Amerikanischen Weltraumbehörde NASA, der die Forschungsprojekte leitete. Diese beinhalteten die Nutzung von Pflanzen und Mikroorganismen für die Wiederaufbereitung von Abwasser aus Haushalten und der chemischen Industrie. Sein Interesse galt dabei der Umwandlung von Abwasser in Trinkwasser, der Neutralisierung giftiger Chemikalien in der Trinkwasserversorgung. Daneben arbeitete er an der Wiederaufbereitung verunreinigter Luft in extrem isolierten Räumen, wie z. B. bei intensiv wärmegedämmten Gebäuden. Er hat auf diesem Gebiet viele Auszeichnungen erhalten und auch zahlreiche Patente angemeldet.

Es war seine Idee, den Einsatz von Zimmerpflanzen zur Verbesserung der Luftqualität in Wohn- und Büroräumen zu untersuchen. Sicherlich spielten dabei auch die Luftschadstoffe in bemannten Raumstationen eine nicht unerhebliche Rolle. Wenn der Schadstoffabbau mittels Pflanzen überhaupt möglich sein sollte, dann müsste er über die Photosynthese (Aufbau von Stärke und Zucker in grünen Pflanzenteilen aus Kohlendioxid und Wasser mit Hilfe der Sonnenenergie) erfolgen können. Wolverton kümmerte sich daher in erster Linie um die Photosynthese. Dieser Prozess hält die Pflanzen am Leben. Es findet ein ständiger Austausch gasförmiger Substanzen zwischen den Pflanzenblättern und der sie umgebenden Atmosphäre statt.

Jeder Platz wird ausgenutzt – Philodendron als Ampelpflanze ist eine formschöne Alternative.

Weitere Untersuchungen in Köln

Mit dem Thema der Entgiftung von Luftschadstoffen in Innenräumen mittels Zimmerpflanzen und Bodenbakterien befasste sich auch u. a. ein Forschungsprojekt des Botanischen Institutes der Universität Köln unter der Leitung von Dr. Manfred Weidner.

Desgleichen war es hier die Idee, durch den Einsatz von Zimmerpflanzen eine Verbesserung der Raumluft in Wohn- und Büroräumen zu erzielen. In bereits abgeschlossenen Studien konnte belegt werden, dass Zimmerpflanzen wie Grünlilien und Philodendron die Fähigkeit besitzen, Luftschadstoffe wie Formaldehyd, Benzole und Kohlenmonoxid deutlich zu verringern.
Da **Formaldehyd** wahrscheinlich die Substanz ist, der die meisten Menschen in unserer industrialisierten Welt ausgesetzt sind, wurde bei den Untersuchungen diesem Stoff zunächst die größte Bedeutung zugemessen. Formaldehyd wird als Bindemittel in Span-, Sperrholz-, Faserplatten, Leimen und Lacken verwendet. Aber auch in Kosmetika, Papier, Reinigungsmitteln und in Textilien (zur Erzielung des so genannten Anti-Knitter-Effektes). Formalin entsteht außerdem bei fast allen Verbrennungsprozessen und ist z. B. in Autoabgasen oder im Zigarettenrauch enthalten.
Andere chemische Substanzen, die gesundheitliche Belastungen auslösen können, kommen oft in Lacken, Klebern, Fußbodenbelägen, Holzschutz- und Lösungsmitteln vor.

Schadstoffabbau per Biofiltersystem

Interessant sind hier die Forschungsergebnisse von der Universität Köln, die die Untersuchungsergebnisse der NASA bestätigten. Dabei konnte ergänzend festge-

stellt werden, dass es sich bei dem Entgiftungsvorgang um eine regelrechte Schadstoffvernichtung handelt. Beide Abbauwege sind dabei gleichermaßen von Bedeutung: der „Luftpfad" und der „Bodenpfad" (siehe Grafik auf der Seite 20). Es wurden bestimmte Bakterienstämme gefunden, die sich im Boden (Wurzelraum) besonders gut entwickeln können und beim Schadstoffabbau dann eine entscheidende Rolle übernehmen. Diese Untersuchungen fanden ihren Niederschlag in einem Biofiltersystem namens „BILUR" (= Biologisch Intelligente Luftreinigung mit Pflanzen).

Es konnte in zehnjähriger Forschung entwickelt werden und wurde in Deutschland patentiert. Folgende Ergebnisse wurden dabei gewonnen:

1. Eine breite Palette von Schadstoffen wird aus der Innenraumluft herausgefiltert oder aber ausgewaschen. Die Abbauleistung der Pflanze wird dabei vervielfacht.
2. Die der Luft entzogenen Schadstoffe werden in dem BILUR-System im Wurzelbereich der Pflanzen mit Hilfe spezieller leistungsfähiger Bakterienstämme „aufgebrochen" und mikrobiologisch zu Biomasse bzw. Kohlendioxid abgebaut.
3. Zwischenprodukte des bakteriellen Abbaus, andere bakterielle Ausscheidungen und überschüssige Bakterienmasse werden von den Pflanzenwurzeln aufgenommen und – gegebenenfalls nach weiteren Umwandlungsschritten – in den pflanzlichen Stoffwechsel eingeschleust. Mit anderen Worten: Die Pflanze sorgt dafür, dass die Filtermasse ständig regeneriert wird – es entsteht also kein Entsorgungsproblem mit angereicherter, schadstoffgesättigter Aktivkohle. Auch trägt die Pflanze selbst wesentlich zur mikrobiologischen Hygiene des Systems bei.
4. Ein Ausschöpfen der Abbauleistung ist praktisch unmöglich. In dem BILUR-System wird die Abbaugeschwindigkeit lediglich durch den Luftdurchsatz begrenzt.
5. Die Versuche haben ferner gezeigt, dass die Bakterien eine hohe Schadstofftoleranz besitzen und unter normalen Bedingungen nicht geschädigt werden können.
6. Ein wesentlicher Faktor für die Wirksamkeit des

Pflanzen verschiedener Arten zusammengefügt bieten einen herrlichen Anblick.

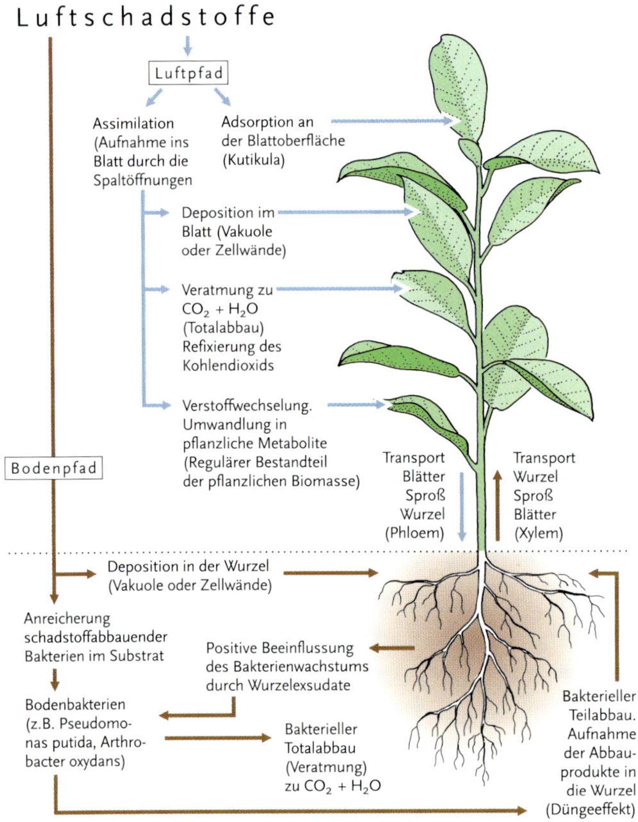

Wie Pflanzen Luftschadstoffe abbauen – neben dem Luftpfad ist der Bodenpfad wichtig. (Quelle: Forschungsprojekt aus dem botanischen Institut der Universität Köln, Dr. Manfred Weidner)

BILUR-Systems sind die Wurzelausscheidungen der Pflanze. Es handelt sich dabei um Zucker und Aminosäuren, die das Bakterienwachstum begünstigen.
7. Durch die Atmung des Menschen wird in bewohnten Räumen Sauerstoff aufgebraucht und schädliches Kohlendioxid erzeugt. Essensgerüche, Körperdünste, Schweiß und Tabakgeruch kommen noch dazu. Dies macht eine regelmäßige Durchlüftung der Räume erforderlich.

Pflanzen im Innenraum erneuern zwar die Luft, aber nur die Luft, die zufällig an ihnen vorbeistreicht. Pflanzen produzieren durch die Photosynthese Sauerstoff. Sie filtern Staub- und andere Schmutzartikel aus der Luft und lagern diese an der Oberfläche von Blättern und Stängeln an.
Manche Pflanzen wie Citrus-Arten in einem Wintergarten verströmen sogar einen angenehmen Duft und tragen so zur Verminderung von Geruchsbelästigungen bei.

Technische Alternativen

Eine Alternative zur Schadstoffbeseitigung in Innenräumen sind verschiedene technische Filtersysteme. Es können dies Luftfilter oder andere Geräte sein. Man kennt zur Zeit drei Haupttypen:
1. mechanische Filter,
2. elektronische Filter,
3. Ionen-Generatoren.

Die Entwicklungen auf diesem Gebiet gehen relativ schnell voran, sodass heute schon kombinierte Modelle angeboten werden. Die Probleme, die dabei entstehen können, kann der erkennen, der in zwangsbelüfteten Räumen arbeitet oder arbeiten muss.
Werden z. B. elektronische Luftreiniger nicht ordnungsgemäß installiert bzw. gewartet, können diese unter Umständen Ozon erzeugen und freisetzen. Ozon reizt die Lungen und so kann ein Luftreiniger selbst zum Luftverschmutzer werden.

Luftfilter mit Aktivkohle sind in der Regel am besten zur Entfernung von Luftschadstoffen aus der Innenraumluft geeignet. Insbesondere deshalb, da Aktivkohle sogar die Schadstoffe im feuchten Milieu bindet. Normalerweise vernichten aber diese so genannten Bindemittel (Aktivkohle) die Schadstoffe nicht. Diese werden nur gebunden, und das nur so lange, bis die Oberfläche des Filters gesättigt ist. Haben die Filter ihren Sättigungsgrad erreicht, sind sie nicht mehr in der Lage, weitere Stoffe aufzunehmen. Die verbrauchten Filter müssen rechtzeitig ausgewechselt und entsorgt werden (Sondermüll). Geschieht dies nicht beizeiten, findet keine weitere Reinigung der Luft mehr statt. Ganz anders stellt sich dies bei den Pflanzen als Schadstoffbeseitiger dar. Befinden sich diese in einem guten Zustand, verrichten sie Tag für Tag ihre Arbeit.
Man darf aber trotz alledem nicht vergessen, die Räume regelmäßig und sorgfältig zu lüften.

Schadstoffe erkennen

In diesem Zusammenhang wird immer die Frage gestellt, welche Pflanzen denn nun zur Schadstoffbeseitigung besonders gut geeignet sind. Dabei ist dann wieder besonders wichtig, dass sich die Pflanzen überhaupt in einem guten Zustand befinden. Sie sind ja immerhin aktiv an der Entsorgung beteiligt. Kräftige und gesunde Pflanzen leisten daher mehr als kranke oder schlappe Pflanzen.
Bevor man nun die geeigneten Pflanzenarten einsetzen kann, muss zuerst einmal festgestellt werden, welcher Schadstoff denn beseitigt werden soll. In den meisten Fällen handelt es sich nämlich nicht nur um einen einzigen, sondern um ein Gemisch aus mehreren Schadstoffen. Mehrere Schadstoffmessungen können daher erforderlich werden. Diese Messungen werden von verschiedenen Firmen und auch von den Verbraucherzentralen angeboten. Ebenso werden Umweltbüros vor Ort tätig. Selbst in manchen Apotheken können Messgeräte ausgeliehen werden.
Weitere Informationen können beim Bundesverband der Baubiologen, unter www.umweltbundesamt.de und www.verbraucherzentrale.de eingeholt werden.

Spatiphyllum **– geeignete Pflanze für das Badezimmer**

Schwankende Messergebnisse

Die Messergebnisse können hierbei allerdings einer größeren Schwankungsbreite unterliegen. Oft führen sie auch zu keinem Ergebnis, das heißt, es werden keiner-

Die Grünlilie, eine beliebte und bekannte Zimmerpflanze, ist bestens geeignet für den Schadstoffabbau.

lei Schadstoffe gemessen, obwohl sich die Menschen in den Räumen nicht wohl fühlen.
Ein beredtes Beispiel dafür lieferten 1992 die frisch renovierten Büroräume im Deutschen Bundestag. Nachdem die Mitarbeiter unter gesundheitlichen Schäden zu leiden hatten, wurden entsprechende Messungen durchgeführt. Dabei konnten zwar Krebs erregende Stoffe in der Raumluft gefunden werden. Die eigentliche Schadstoffquelle war aber trotz intensiver Bemühungen nicht auszumachen. Erst als man sich entschlossen hatte, die Büroräume fachmännisch zu begrünen, ließen die gesundheitlichen Beschwerden der dort arbeitenden Personen nach. Es wurde eine Vielzahl verschiedener Pflanzen aufgestellt, welche in der Lage waren, die Schadstoffe abzubauen, von denen man damals gar nicht genau wusste, woher sie kamen. Werden Schadstoffmessungen erforderlich, sollte man daher sicherstellen, dass das angewendete Verfahren z. B. auch bei gerichtlichen Auseinandersetzungen anerkannt wird.

ORGANISCHE VERBINDUNGEN, DIE IN INNENRÄUMEN HÄUFIG ANGETROFFEN WERDEN

Aceton, Benzol*, Chloroform, Decanal, Dichlorbenzole*, Dimethylnaphtaline, Essigsäure, Ethylbenzol, Ethylmethylbenzol, Formaldehyd*, Methylenchlorid*, Methylnaphtaline, Naphtalen, Nonanal, Styrol*, Tetrachlorethylen* (PER), Toluol, Trichlorethylen, Trichlortriflourmethan, Trimethylbenzol, Xylol

* = diese Substanz besitzt Erbgut verändernde oder Krebs erregende Eigenschaften.
Quelle: Dr. H. Krieg, Vortrag 2.5.1990

Auf den Punkt gebracht ist zu sagen, dass es, von Ausnahmefällen abgesehen, relativ unerheblich ist, welche Schadstoffe denn im Einzelfall vorhanden sind. Pflanzen sind auf jeden Fall in der Lage, eine Verbesserung der Raumluft herbeizuführen. Zumal sie ja nicht nur zur Luftschadstoffminderung, sondern auch zur Erhöhung der Luftfeuchtigkeit und zur Verbesserung unserer Befindlichkeit in Innenräumen beitragen.

Abbau von Formaldehyd

Wenn man die Versuchsanordnung sehr vereinfacht beschreiben soll, kann man sich das in etwa so vorstellen:
In gasdichte Kammern mit Pflanzen - und in Kontrollkammern ohne Pflanzen - wird eine bestimmte Menge beispielsweise von Formaldehyd eingeleitet. Mit Hilfe empfindlicher Messinstrumente kann man nun genau verfolgen, in welcher Zeit quantitativ ein Abbau der künstlich eingeleiteten Gase in der Raumluft erfolgt. Das erzielte Messergebnis wird mit den folgenden Kurven (siehe oben rechts) wiedergegeben. Es ist deutlich daraus zu ersehen, dass der Abbau von Formaldehyd in der Kammer mit Pflanzen zeitlich und mengenmäßig besser war.

WELCHE PFLANZEN SIND ZUR ENTGIFTUNG GEEIGNET?

Pflanzenname	Abbau in %
Pflanzen, die Formaldehyd gut abbauen	
Echte Aloe, *Aloe barbadensis*	90
Grünlilie, *Chlorophytum elatum*	86
Baumfreund, *Philodendron selloum*	76
Drachenbaum, *Dracaena fragrans* 'Massangeana'	70
Efeutute, *Epipremnum aureus*	67
Purpurtute, *Syngonium podophyllum*	67
Chrysantheme, *Chrysanthemum morifolium*	61
Gerbera, *Gerbera jamesonii*	50
Drachenbaum, *Dracaena deremensis* 'Warneckii'	50
Topferde Kontrolle	33
Pflanzen, die Benzol gut abbauen	
Efeu, *Hedera helix*	90
Einblatt, *Spatiphyllum*	80
Drachenbaum, *Dracaena marginata*	79
Efeutute, *Epipremnum aureus*	73
Drachenbaum, *Dracaena deremensis* 'Warneckii'	70
Bogenhanf, *Sansevieria trifasciata*	53
Kolbenfaden, *Aglaonema modestum*	48
Topferde Kontrolle	20
Pflanzen, die Trichloräthylen gut abbauen	
Einblatt, Spatiphyllum	23
Drachenbaum, *Dracaena deremensis* 'Warneckii'	20
Drachenbaum, *Dracaena deremensis* 'Janet Craig'	18
Drachenbaum, *Dracaena marginata*	13
Bogenhanf, *Sansevieria trifasciata*	13
Efeu, *Hedera helix*	11
Topferde Kontrolle	9
Pflanzen, die Kohlendioxid gut abbauen	
Grünlilie, *Chlorophytum elatum*	>96
Efeutute, *Epipremnum aureus*	75
Topferde Kontrolle	9

Quellen der Tabellen: 1. Report von Dr. B. C. Wolverton, Umweltwissenschaftler der NASA-Weltraumbehörde USA: Luftaufbereitung durch Pflanzen; 2. Dr. B. C. Wolverton, Vortrag 2.5.1990; 3. impulse: 19 Pflanzen, die alles Gift aus der Büroluft filtern. 9/91, S. 210–214 von Andrea Strunz.

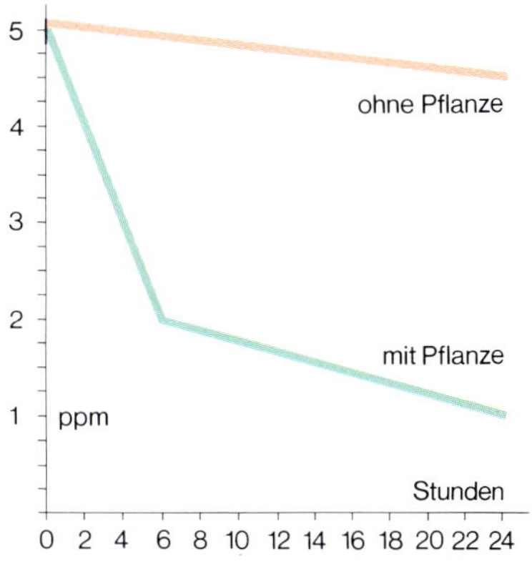

Abbau von Formaldehyd in Kammern mit und ohne Pflanzen (Quelle: NASA)

Der Verbleib der Schadstoffe

Ein solcher Versuch sagt natürlich zunächst nichts darüber aus, was mit dem Schadstoff geschehen ist. Hat er sich lediglich an die Pflanze angelagert oder wurde er von ihr zerlegt und abgebaut? Die Studien an der Universität Köln waren es, die über den Verbleib der einzelnen Schadstoffe Hinweise ergaben. Die Tatsache als solche war den Gärtnern ja schon seit langem bekannt. Wenn sie eine Pflanze, die von Schädlingen befallen war, mit einem chemischen Pflanzenschutzmittel behandelten, mussten sie dieser lediglich Zeit lassen. Zeit zum Abbau der chemischen Substanz (Wartezeit). Nach Einhaltung der Wartezeit waren die behandelten Pflanzen kein Sondermüll, sondern sie waren (und sind es auch heute noch) zum Verzehr geeignet. Heute wissen wir, wie die Pflanzen die Schadstoffe letztendlich abbauen, sie zerlegen und in ihren Kreislauf wieder einbauen. Pflanzen bedeuten Leben.

EIN DUFT LIEGT IN DER LUFT

Es wurde bereits mehrfach darauf hingewiesen, dass die ganzen Bemühungen zur Reinhaltung der Innenraumluft von der Weltraumforschung ausgegangen sind. Dies hat natürlich bedeutende Gründe für die bemannte Raumfahrt.
Für uns gehört es zu den täglichen Gewohnheiten, dass wir unsere Räume durchlüften. In den wärmeisolierten Wohnungen ist das besonders wichtig.
Wenn sich in unseren Wohnungen mit Schadstoffen belastete Luft ansammelt, z. B. durch Rauchen, dann können wir lüften und auf diese Art und Weise das Allerschlimmste verhindern.
Auf eine andere Möglichkeit der Luftbelastung sei hier daher hingewiesen, nämlich den Geruch.
Max von Pettenkofer (1818 - 1901), der die Grundlagen für die moderne Hygiene schuf, wies darauf hin, dass jeder Mensch geruchlich wahrnehmbare Substanzen (menschliche Ausdünstungen) produziert. Diese nennt man heute „human bioeffluents“.
Manch einer von uns mit besonders empfindlicher Nase hat darunter schon gelitten. Der Ausspruch „Ich kann diesen Menschen nicht riechen!“ bekommt hier seine wahre Bedeutung.
Es war der Däne Olf Fänger, der sich der Mühe unterzogen hat, dieses Problem in eine DIN-gerechte Form bringen. Bekannt geworden ist es unter der Bezeichnung „Olf Konzept“.
Kurz beschrieben bedeutet dies Folgendes: Die Menge des wahrnehmbaren Geruchs, die ein Mensch, der regelmäßig seine Wäsche wechselt und sich regelmäßig wäscht, bei normaler Temperatur (weder schwitzend noch frierend) ausscheidet, wird als 1 Olf bezeichnet.

Bemannte Raumfahrt: Luftschadstoffe werden erforscht

Versuchsablauf

Wird ein Raum, in dem sich Menschen aufhalten, pro

Stunde etwa mit 30-45 Kubikmetern Frischluft versorgt, d.h. es wird ausreichend gelüftet, akzeptieren etwa 90 % der im Raum anwesenden Menschen die frei werdenden Ausdünstungen. Schon aus diesen Gründen ist es unbedingt erforderlich, die Räume regelmäßig zu lüften. Bei uns hier ist das eine Selbstverständlichkeit! Was macht aber die Besatzung in einem Raumschiff? Hier werden die Zusammenhänge zwischen Makrokosmos und Mikrokosmos wieder einmal sehr deutlich.

„Raumschiff mit Pflanzen"

Aber ist es nicht so, dass wir Menschen als Erdenbewohner uns in einem großen Raumschiff (Erde) befinden, das in der Unendlichkeit des Weltalls seine Bahnen zieht? Wir produzieren, da unsere Einwohnerzahl ständig und auch rapide zunimmt, eine Menge von Schadstoffen und auch eine Menge „Olf". Wer oder was baut sie ab? Die Pflanzen in der Natur! Wer liefert uns den lebensnotwendigen Sauerstoff? Die Pflanzen in der Natur.

Kommen wir nun zu unserem bemannten Miniraumschiff! Seine Insassen können nicht eben mal Fenster und Türen öffnen, um Frischluft zu bekommen.

Eine deutlich sichtbare Quelle von Luftverunreinigung

Den Sauerstoff zum Atmen müssen sie im Gepäck mitnehmen. Als Sauerstoffproduzenten können die Pflanzen einfach nicht den erforderlichen Bedarf decken. Untersuchungen an der Universität Köln zeigten, dass es gerade mal 1-2 % von dem benötigten Sauerstoff sind, die von den Pflanzen, die in einem Raum platzmäßig unterzubringen sind, produziert werden können. Die Pflanzen an Bord der Raumstation sind aber die geeigneten „Schadstoffkiller".

Ein konkretes Beispiel sei hier genannt. Die Techniker der NASA haben herausgefunden, dass die Astronauten während ihres Aufenthaltes in Skylab III von mehr als 300 luftlöslichen organischen Substanzen umgeben waren. Von den mehr als 300 Substanzen konnten damals gerade 107 Stoffe identifiziert werden.

Bei der Schadstoffentsorgung in unserem großen Raumschiff Erde, wie in den kleinen bemannten Raumstationen (unseren Ablegern), sind die Pflanzen als unentbehrlich anzusehen. Die Verantwortlichen in der Raumfahrt haben es erkannt. Die Verantwortlichen für unser Raumschiff Erde sind gerade dabei, es zu erkennen - hoffentlich!

Unsere Aufgabe ist es, dafür zu sorgen, dass noch mehr Pflanzen draußen, aber auch drinnen in unseren Wohnungen und Büros vorhanden sind. Und wenn sie da sind, brauchen sie unsere Pflege und unsere Aufmerksamkeit.

Wir sind es ja gewohnt, heutzutage nach Gewinn und Verlust zu bilanzieren. Unter diesem Gesichtspunkt geht die Rechnung für uns auf jeden Fall mehr als auf. Für unseren Einsatz werden wir belohnt.

Die gesunde Natur lädt zum Verweilen ein.

Wohl fühlen mit Pflanzen

Pflanzen können Stress abbauen

Kontakt mit Natur und Pflanzen kann sich positiv auf den Abbau stressbedingter Spannungszustände und auf unseren Gesundheitszustand auswirken.

DIE LIEBE ZU PFLANZEN

Seit Hunderten von Jahren schon ist bekannt, dass der Kontakt mit der Natur im Allgemeinen und mit den Pflanzen im Besonderen sich positiv auf den Abbau von stressbedingten Spannungszuständen auswirkt. Auch das psychische Wohlbefinden kann zu einer deutlichen Verbesserung des Gesundheitszustandes führen. Schon im Mittelalter wurden Hospitäler und andere derartige Einrichtungen von Gärten und Grünanlagen umgeben.
Eine Liebe zu den Pflanzen entwickeln die meisten Menschen. Besondere Sehnsucht haben viele, die in den Steinwüsten der Großstädte leben. Nähe zu den Pflanzen wird geradezu gesucht. Obwohl wir uns unbewusst immer mehr von den natürlichen Grundlagen entfernen, scheinen wir uns nicht damit abfinden zu wollen. Gut besuchte Gartenschauen sind ein sicheres Anzeichen dafür. Auch die gut besuchten Biergärten sprechen eine deutliche Sprache.

Die Zusammenballung vieler Menschen in der Stadt erzeugt Aggressivität, Hektik und Stress…

Grünes in Töpfen und Trögen

Die Anzucht und die Verwendung von Pflanzen in Gefäßen wird seit Menschengedenken betrieben. Man vermutet, dass der Ursprung in Griechenland zu suchen ist. Aber auch in China scheint die Anzucht bereits vor 3000 Jahren bekannt gewesen zu sein. Es waren regelrechte Pflanzensammler, die von ihren Expeditionen Pflanzen zu uns nach Europa brachten. Orangerien, Wintergärten und Gewächshäuser wurden errichtet. Denn nicht immer entwickelten sich diese Pflanzen unter den hier vorherrschenden Freilandbedingungen gut.
Wenn wir nun einen Zeitsprung machen, können wir feststellen, dass ungefähr in den 70er-Jahren des vorigen Jahrhunderts der Einbau von Pflanztrögen in Bürogebäuden sehr beliebt wurde. Es entstand eine regelrechte Innenraumbepflanzung mit Pflanzengruppen, so wie sie in der Natur auch vorkommen können.

Winterdepression und Lichtmangel

Dabei galt es in unseren Breiten, ein Problem spezieller Art zu lösen. Pflanzen benötigen für ihren Stoffwechsel Licht. Auf die Lichtbedürfnisse der Pflanzen wird auf der Seite 39 im Kapitel „Hinweise zur Pflanzenpflege“ näher eingegangen. Unsere zum Teil dunklen Räume sind da alles andere als vorteilhaft. Wir müssen daher dafür sorgen, dass während der dunklen Wintermonate (Oktober bis Februar) zusätzliches Licht für die Pflanzen zur Verfügung steht.
Mit dem Aufstellen von Kerzen (in der Weihnachtszeit) und mit normalen Glühbirnen ist dies nicht getan. Da benötigt man besondere Pflanzenleuchten mit dem Lichtspektrum, das für das Pflanzenwachstum günstig ist. Unter Lichtmangel während der Wintermonate leiden aber nicht nur die Pflanzen. Uns Menschen fehlt das Licht genauso. So gesehen teilen Pflanze und Mensch dasselbe Schicksal. Verminderte Sonneneinstrahlung während der Wintermonate kann zu so genannten saisonal abhängigen Depressionen (SAD) führen. Dieses Phänomen ist besser unter der Bezeichnung „Winterdepression“ bekannt.
Unser menschlicher Organismus bildet während der dunklen Jahreszeit zu viel von dem schläfrig machen-

Idyllischer Platz in einem angebauten Wintergarten

Zimmerbäume schaffen eine gemütliche Atmosphäre.

den Hormon Melatonin. Das stimmungsaufhellende Serotonin wird dagegen zu wenig produziert. Etwa 10 % der Bevölkerung leidet unter dieser Winterdepression, die etwa im Oktober beginnt und Mitte Februar schon wieder abklingt.

Die Symptome lassen sich kurz wie folgt beschreiben: Unausgeglichenheit, Lustlosigkeit, es wird länger geschlafen und doch ist man weniger ausgeschlafen. Konzentrationsschwäche und erhöhte Reizbarkeit. Die Leistungsbereitschaft lässt nach, die Belastbarkeit sinkt und die Neigung zu Depressionen nimmt zu. Jetzt kann man auch den Heißhunger auf Schokolade und kohlenhydratreiche Speisen während der Winterzeit besser verstehen. Das fehlende Serotonin ist darin nämlich verstärkt enthalten.

Man kann diesem Phänomen begegnen, wenn man der grauen Eintönigkeit helle und bunte Farben entgegensetzt. Bunte Kleidung und ein bunter, frischer Blumenstrauß können zur Verbesserung der Stimmung beitragen. Wenn wir nun unser Bedürfnis nach mehr Licht mit dem Lichthunger der Pflanzen während der Wintermonate in Übereinstimmung bringen, dann haben wir Folgendes erreicht:

- Die Pflanzen entwickeln sich günstiger.

Wer sich die Natur ins Haus holen kann, fühlt sich wohl und hat gesundheitliche Vorteile.

- Die Luftfeuchtigkeit in unseren Räumen wird besser.
- Der Schadstoffabbau wird erhöht.
- Winterdepressionen verschwinden in erheblichem Maße.

Mensch und Pflanze haben nicht nur viele Gemeinsamkeiten im Stoffwechsel, nein, sie teilen sich auch den Raum!

WIDER DEN STRESS

Obwohl es nicht die Aufgabe sein kann, hier über die allgemeine Entstehung von Stresssituationen zu berichten, möge aber doch der Hinweis erlaubt sein: Eine allgemein gültige Definition von Stress ist, glaube ich, noch nicht gefunden. Eines scheint man aber mit Sicherheit sagen zu können: Stress entsteht als Reaktion auf eine anstrengende Situation oder aber bei der Anpassung an eine solche. Es ist kein Geheimnis, dass größere Stressfaktoren, wie z. B. der Verlust einer lieben Person, der Verlust des Arbeitsplatzes oder eine Scheidung, zu gesundheitlichen Problemen führen können. Doch schon ganz „einfache" tägliche Ärgernisse, wie z. B. stundenlanges Stehen im Verkehrsstau auf der Autobahn, Schlangestehen im Supermarkt, für eine Konzertkarte oder im Fußballstadion, sind ungesund. Desgleichen können Arbeitsüberlastungen, wenn sie sich über eine gewisse Dauer hinziehen, zumindest als kleinere Stressfaktoren angesehen werden.

Versuchsergebnisse bei Krankenhauspatienten

Aus diesem Blickwinkel heraus betrachtet, kann es schon sehr vorteilhaft sein, wenn Stress mindernde Faktoren bekannt sind, die eingesetzt werden können. Es liegen entsprechende Untersuchungen vor, die in sehr beeindruckender Weise zeigen, wie die Pflanzen dem Menschen beim Stressabbau helfen können. Roger S. Ulrich (1984) beschäftigte sich mit der Frage, ob Krankenhauspatienten, die von ihrem Krankenbett aus in eine natürliche Umgebung schauen können, von dieser Aussicht profitieren. Er stellte Patienten, die sich einem chirurgischen Eingriff unterziehen mussten, paarweise zusammen. Dabei wurden die Faktoren, die sich auf die Genesung auswirken könnten, wie Alter, Gewicht, Nikotinkonsum und bisheriger Gesundheitszustand

berücksichtigt. Die Patienten wurden dann paarweise und willkürlich in Krankenzimmer verlegt, die völlig identisch waren, bis auf die Aussicht. Ein Mitglied eines jeden Paares schaute von seinem Fenster aus auf Bäume, das andere hatte nur die Aussicht auf eine Ziegelmauer.
Die Patienten mit Aussicht auf Bäume konnten das Krankenhaus früher verlassen, hatten in ihrem Krankenbericht weniger negative Bemerkungen, wie z. B. „Patient muss häufig aufgemuntert werden", „ist aufgebracht". Und sie hatten auch weniger kleinere nachoperative Komplikationen wie Kopfschmerzen oder Übelkeit. Im Gegensatz zu der Kontrollgruppe, die auf die Ziegelmauer schauen musste, benötigten sie auch weniger und, wenn überhaupt, schwächere Schmerzmittel. Dies sind nur einige wenige Studien von einer ganzen Reihe von Untersuchungen, die alle mehr oder weniger zu dem Ergebnis gekommen sind, dass Pflanzen einen günstigen Aspekt auf die menschliche Gesundheit haben können.

Blick ins Grüne

Alle Befunde deuten darauf hin, dass der Anblick von Vegetation zur Stressminderung beitragen und in bestimmten Situationen so auch die Gesundheit positiv beeinflussen kann. Es ist also gar kein Zufall, dass jeder Kurort seinen Kurpark hat, ja haben muss!
Es konnte auch nachgewiesen werden, dass der Anblick von Pflanzen einen deutlichen Spannungsabbau, schon innerhalb von fünf Minuten, zur. Folge haben kann (Veränderung des Blutdruckes). Diese auffällige Geschwindigkeit, mit der sich die Regeneration vollziehen kann, ist ein Beweis dafür, dass Pflanzen am Arbeitsplatz sich positiv auf die Arbeitsleistung auswirken können. Die dadurch einsetzende Erholung von Stresseinflüssen erzeugt eine Vielzahl von positiven Effekten: weniger negative oder auch spannungsbedingte Gefühle, wie Angst, Niedergeschlagenheit oder Wut. Die Mediziner beschreiben dies als eine Art der Reduzierung der schädlichen Mobilisierung des sympathischen Nervensystems. Für Arbeitgeber sicherlich ein überlegenswerter Aspekt, der sich unter dem Strich rechnet.

Auch Gefängnisinsassen, die ins Grüne schauen, sind weniger krank.

Auch mal draußen die Seele baumeln lassen.

Menschliches Wohlbefinden in der Natur und in der Großstadt

Stellen wir uns nur einmal ganz kurz folgende Szene vor: Ein heißer Sommertag in einer Großstadt, keine Schatten spendenden Bäume und Sträucher. Der Straßenbelag aus Teer wird von der Hitze heiß, weicht auf. Die dabei frei werdenden Dämpfe sind deutlich wahrnehmbar. Wo findet man Schatten? Die Hitze ist unerträglich. Abgase von Autos, Schornsteinen. Der Staub und die Lärmbelästigung - nahezu unerträglich. Kann sich der Mensch in solch einer Umgebung wohl fühlen? Wir, die wir genetisch gesehen Bewohner des Feldes, des Waldes und der freien Flur sind?

Die Antwort darauf mag sich jeder selbst geben. Ich auf jeden Fall vermisse die Schatten spendenden Bäume und Sträucher, die sowohl als Staub- wie als Schallschlucker fungieren. Ich vermisse die Vegetation, die für Kühlung durch Verdunstung sorgt. Ich vermisse die Pflanzen, die Schadstoffe aus der Luft herausnehmen und unschädlich machen.

Ich vermisse Bänke und andere Sitzgelegenheiten unter Schatten spendenden Bäumen und Rasenflächen, die zum Ausruhen einladen. Ich vermisse den Kinderspielplatz, von Bäumen und Sträuchern umgeben, wo die Kinder in angenehmer Atmosphäre aufwachsen können und schon von klein auf an die Zusammenhänge in der Natur im wahrsten Sinne des Wortes begreifen lernen. An diesem Ort der Begegnung haben auch die Seniorinnen und Senioren ihren Platz und können sich mit den Kindern und Enkeln freuen. Und ich vermisse übrigens auch Biergärten und Ausflugslokale. Hier können sich die Familien von den Strapazen des Alltags erholen.

Da bewundere und beneide ich sogar die Menschen, die in einer weniger großen Stadt mit mehr Natur leben

können und dürfen. Ich bewundere aber auch die Großstädte, die es geschickt verstehen, selbst mit zum Großteil bescheidenen finanziellen Mitteln die Natur in die Stadt hereinzuholen. Ich bewundere die Stadtoberhäupter, die keine Mühen und Kosten scheuen und die dafür sorgen, dass lebendiges Grün in ihrer Stadt vorherrscht und kein Mauerblümchendasein führt.
Ich bewundere die Klein- und Schrebergärtner, die, wenn man ihnen Land zur Verfügung stellt, dafür sorgen, dass sich die Lebensbedingungen in der Stadt verbessern. Und ich bewundere alle Bürger, die pfleglich, sorgsam und behutsam mit jedem Baum, jedem Strauch, jedem Blumenbeet und mit jedem bepflanzten Blumenkübel umgehen. Diese Menschen sind die eigentlichen Helden, sie tragen dazu bei, dass sich alle in der Stadt wohl fühlen können und gesunde Luft zum Atmen haben.

Das gemeinsame Ziel …
Dafür zu sorgen, dass wir in einer blühenden und grünen Stadt leben können, kann die Bürger zu einer Art Gemeinschaft von Lebensrettern verbünden! Lebensretter für die Pflanzen und Lebensretter für uns alle!

Fröhlich und stressfrei begegnen sich Jung und Alt, Gesunde und Kranke, Behinderte und nicht Behinderte, Einheimische und Fremde, kurzum alle können sich hier wohl fühlen. Im Schatten der Bäume können Straßen- und andere Feste gemeinsam gefeiert werden.
Und weil wir ja in unseren Breiten, klimatisch bedingt, doch mehr oder weniger auf unsere Behausungen angewiesen sind, ist es dann doch nur selbstverständlich, dass wir die positiven Effekte der Pflanzen draußen gleichermaßen in unseren vier Wänden spüren möchten. Wir besuchen Botanische Gärten, Gärtnereien und Gartencenter, lassen uns dort inspirieren und beraten und versuchen, unser Heim zu einer Oase der Ruhe und der Gesundheit umzugestalten.
Wir versorgen unsere Pflanzen in den Wintermonaten mit zusätzlichem Licht und beugen so selbst unserer „Winterdepression“ vor, die uns möglicherweise befallen könnte.

Umgeben von der Schönheit der Pflanzen und ihrem betörenden Duft fühlt man sich glücklich.

Ein begrünter Raum lädt zum Verweilen ein und trägt zum Wohlbefinden bei.

Dies wiederum kann verbunden sein mit einer unnötigen Gewichtszunahme, weil in der Folge der Winterdepression unser Körper vermehrt nach Süßigkeiten und Kohlenhydraten verlangt.

Schon unsere Vorfahren hatten Stress

Interessant in diesem Zusammenhang sind die Spekulationen über den Stressabbau unserer Vorfahren (der Frühmenschen). Sie lebten ja als Jäger und Sammler und um ihre täglichen Lebensbedürfnisse befriedigen zu können, waren sie immer wieder gefährlichen Bedrohungen ausgesetzt. Die plötzliche Begegnung mit großen, gefräßigen Raubtieren oder mit versteckten gefährlichen Schlangen beispielsweise führten sicherlich immer wieder zu Stresssituationen. Der erforderliche Spannungsabbau konnte dann in einer Zeit der Regeneration in der Umgebung der damals reichlich vorhandenen Vegetation erfolgen. Ist dies überhaupt als die Überlebensstrategie anzusehen?

Studien mit Studenten

Ein weiteres Experiment, das Roger S. Ulrich (1979) bereits durchgeführt hat, sei hier noch beschrieben:
In einem relativ einfachen Versuch wurde der Stressabbau von Studenten, die vor einem Examen standen, untersucht. Einer Gruppe von Versuchspersonen wurden Farbdias von städtischen und bebauten Flächen vorgeführt. Die andere Gruppe wurde konfrontiert mit Dias, auf denen ländliche Umgebung dargestellt war, mit viel grüner Vegetation. Das Ergebnis war, dass die Versuchspersonen den Bildern mit Vegetationsmotiven eine längere Aufmerksamkeit widmeten. Dies führte zu einer größeren psychischen Regeneration und ergab einen Rückgang von Aggressionen und Angstgefühlen. Zusätzlich nahmen positive Gefühle zu.
Alle diese Versuche sind eigentlich nur dazu geeignet, das mit Zahlen und Worten zu Papier zu bringen, was jeder von uns jeden Tag intuitiv erleben kann oder aber erleben sollte.

ZIMMERPFLANZEN – SCHON LANGE BEKANNT

Das Halten von Pflanzen in Zimmern hat eine lange Tradition. Historische Funde bei Ausgrabungen lassen den Schluss zu, dass Zimmerpflanzen schon seit eh und je bei den Menschen beliebt waren und geschätzt wurden. Die Kunst des Töpferns, seit Jahrtausenden bekannt, war die Grundvoraussetzung dafür, dass geeignete Pflanzgefäße zur Verfügung standen. So sollen schon 3000 v. Chr. in China Zimmerpflanzen bekannt gewesen sein. Die hängenden Gärten der Semiramis hätten nicht entstehen können, wenn man keine Pflanzgefäße zur Verfügung gehabt hätte. Und da sind die Funde des untergegangen Pompeji, die uns auch zeigen, dass es damals, vor etwa 2000 Jahren, ebenfalls bereits Zimmerpflanzen gegeben hat.

Botaniker auf Reisen

Wenn man aufmerksam Reiseberichte liest, kann man feststellen, dass sich an Bord der Schiffe im 17. und 18. Jahrhundert Botaniker befanden. Die Kew Gardens in England sind entstanden, als Captain Cook von seinen weiten Reisen mehr als 5000 Pflanzenarten mitgebracht hatte. Dort wurden sie aufgepflanzt, bestimmt und registriert. Schnell musste man aber erkennen, dass diese zum Teil exotischen Pflanzen hier nur in Gewächshäusern (damals waren es einfache Glashäuser), in Orangerien und in Wintergärten gehalten werden konnten.

Es stellte sich sehr bald heraus, dass von der überaus großen Anzahl von Pflanzen, die nun auf einmal hier in Europa zu sehen waren, nur einige wenige die Chance zum Überleben hatten. Palmen, Efeu und die so genannte Schusterpalme (*Aspidistra elatior*) gehörten zu den robusten Arten, die in ungeheizten Gewächshäusern und in den beheizten Wohnräumen meistens anzutreffen waren. Man kann sie heute noch als „Überlebenkünstler" bezeichnen, weil sie an Anspruchslosigkeit kaum noch zu überbieten sind.

Von Übersee nach Europa

Nach Beendigung des Zweiten Weltkrieges fanden umfangreiche Veränderungen in allen unseren Lebensbereichen statt. Schon vorher, in der Siedlerzeit, war in den Vereinigten Staaten von Amerika fast auf jeder Fensterbank irgendwelches Grünzeug zu finden.
Nun führte der beginnende allgemeine Wohlstand (Zentralheizung, moderne Beleuchtungsanlagen, größere Fenster) dazu, dass die Zimmerpflanzen bei uns immer beliebter wurden. Zunächst waren es die bereits bekannten Pflanzen, die kei-

Aber auch einzelne Pflanzen auf der Fensterbank, richtig gepflegt, sind ein schöner Anblick.

ne großen Ansprüche stellten. Das Sortiment wird ständig erweitert.
Man kann sagen, dass es die Zentralheizungen waren, die den wahrscheinlich wichtigsten Beitrag leisteten, um die Zimmerpflanzenidee nach vorne zu bringen. Dies kann man geradezu als einen Glücksfall bezeichnen, denn die Zentralheizungen sind bekannt dafür, die schädliche so genannte trockene Heizungsluft zu verursachen. Die hierdurch erzeugte lebensfeindliche Atmosphäre beeinflusst die menschlichen Bedürfnisse negativ. Durch den gleichzeitigen Siegeszug der Zimmerpflanzen jedoch, die die Luftfeuchtigkeit wiederum erhöhen können, ist das ganze System viel lebensfreundlicher geworden.
Glück gehabt, kann man da nur sagen! Im Gegensatz zur Kamin- und Ofenheizung, die nur dann brannte, wenn der Raum auch tatsächlich genutzt wurde, lieferte die Zentralheizung jetzt die Wärme Tag und Nacht.
Wenn man sich in Europa umschaut, dann kann man sehr leicht feststellen, dass der Boom von Schweden ausging. Das im Krieg neutrale Schweden hatte eben damals schon einen höheren Lebensstandard als die durch die Weltkriege unmittelbar betroffenen Länder.

Pflanzen am Arbeitsplatz
Erst viel später, als die Pflanzen die Wohnungen fast sicher „besetzt" hatten, fanden sie auch ihren Platz in der Arbeitswelt. Da mussten erst die Großraumbüros kommen. Die dort erforderlichen Abtrennungen durch Zwischenwände waren zunächst aus Holz, Kunststoff oder Glas. Erinnern wir uns an das Bild: Die „einfachen" Mitarbeiter saßen zusammen in einem großen Raum, die leitenden Angestellten waren abgetrennt und hatten wesentlich mehr Platz zur Verfügung. Um diesen Raum dann entsprechend auszugestalten, hielten nun die Pflanzen ihren Einzug. Sie sollten in erster Linie einen dekorativen Sichtschutz bieten.

Doch einmal im Büro, setzten sie ihren Siegeszug unaufhaltsam fort. Neben dem Sichtschutz hatte man sehr schnell entdeckt, dass Pflanzen auch einen „Lärmschutzwall" bilden können. Große Solitärpflanzen von Birkenfeige (*Ficus*) und Baumfreund (*Philodendron*) waren die Pflanzen der ersten Stunde.
Schnell wurden die positiven Aspekte der Pflanzen, zuerst zumeist unbewusst, deutlich: Verbesserung der Luftfeuchtigkeit, die Teppichböden luden sich auf einmal nicht mehr elektrostatisch auf. Es entstand eine wohltuende Atmosphäre. Die Fehlzeiten durch Krankheiten und Unwohlsein der Angestellten wurden verringert, die Arbeits-

Pflanzen mit allerlei anderen Gegenständen geschmackvoll aufgestellt erfreuen das Auge.

Im Wintergarten fühlen sich Menschen und Pflanzen gut aufgehoben.

leistung steigerte sich. Spannungszustände bei den Mitarbeitern bauten sich weniger auf. Wenn sie doch mal da waren, bauten sie sich schneller wieder ab. Da die Pflanzen während der Wintermonate zusätzlich Licht brauchten, wurden die Räume heller und dadurch wieder freundlicher. Die Symptome der Winterdepression als Folge von Lichtmangel wurden geringer.
Dies alles zusammengenommen erhöhte die Akzeptanz der Mitarbeiter gegenüber „ihren" Pflanzen. Sie sind nun bereit, die Pflanzen zu betreuen und entsorgen nicht mehr Zigarettenkippen und Getränkereste in den Pflanzkübeln.
Die Anzahl der begrünten Büros steigt stetig, genauso wie die Zahl der dafür erforderlichen Pflanzenarten stetig steigt. Die Anzahl der Pflegefirmen, die die Pflanzen aufstellen und regelmäßig pflegen nimmt, nimmt ebenfalls zu.

Nicht nur im Büro...
Heutzutage werden nicht nur die Büros begrünt. Es werden sogar Atrien bei Neubauten geplant und bepflanzt. Räume mit Publikumsverkehr, wie z. B. Arztpraxen, Hallenschwimmbäder, Banken, Kaufhäuser etc., überall wurde erkannt, dass die Pflanzen einen „Wohlfühlfaktor" darstellen, der durch nichts anderes zu überbieten ist.
Auch in Hotelanlagen lassen die Verantwortlichen geradezu parkartige Landschaften im Innenbereich entstehen. Die dadurch verursachten Kosten werden vielfach durch eine höhere Zimmerbelegungsrate wieder mehr als gedeckt.

Blühende Zimmerpflanzen sind ein Blickfang in jeder Wohnung.

Pflanzen richtig pflegen

Hinweise zur Pflanzenpflege

Standortansprüche, richtig gießen und düngen, Krankheiten und Schädlinge biologisch bekämpfen.

Die hier bereits ausführlich beschriebenen Vorzüge durch die Pflanzen werden alle null und nichtig, wenn es nicht gelingt, den Pflanzen optimale Wachstumsbedingungen zu bieten. Klima und Boden sind die wichtigsten Standortfaktoren, die für ihr Gedeihen bestimmend sind.
Im Gegensatz zu den Pflanzen im Freiland, können wir die Klimabedingungen in

unseren Innenräumen wesentlich selbst beeinflussen. Licht und Temperatur sind in diesem Zusammenhang am wichtigsten. Was die Erde oder besser gesagt das Substrat anbetrifft, haben wir ebenfalls alle Möglichkeiten zur optimalen Steuerung in der Hand. Grundsätzlich kann man sich für Pflanzen in Erde oder aber für Pflanzen in Hydrokultur entscheiden. Eine genaue Beschreibung der einzelnen Kulturarten finden Sie auf den folgenden Seiten.

LICHTANSPRÜCHE

Wenden wir uns zunächst den Lichtansprüchen der Pflanzen zu. Verschiedentlich wurde bereits darauf hingewiesen, dass das Pflanzenwachstum vom Licht abhängig ist. Die Bildung von Kohlenhydraten, Sauerstoff und Wasser kann nur unter dem Einfluss des Lichtes funktionieren. Helle Räume erleichtern die Pflanzenpflege.

Blattläuse gehören mit zu den häufigsten Schädlingen.

Damit Schädlinge sich nicht unerwartet vermehren, sind Kontrollen erforderlich.

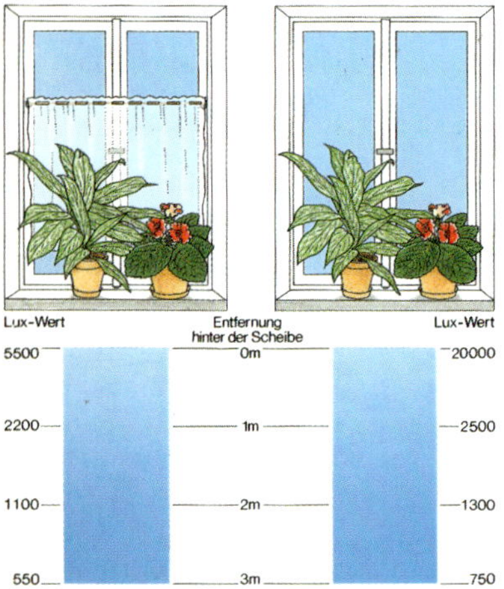

Fenster mit (links) und ohne (rechts) durchsichtiger Gardine

Unter den Pflanzen gibt es einerseits regelrechte „Sonnenanbeter" und andererseits solche, die lieber ein Schattendasein führen. Die Standortbedingungen in den Heimatländern unserer Zimmerpflanzen geben darüber Auskunft, ob viel oder weniger Licht erforderlich ist. Pflanzen können in unseren Wohn- und Arbeitsräumen überall stehen.

Pflanzen, Pflanzen überall!

Das ist das richtige Motto für ein gesünderes Leben. Luftfeuchtigkeit wird erhöht und dadurch werden Heizkosten eingespart, Schadstoffe aus der Luft und Stress abgebaut. Das sind die Leistungen, die uns die Pflanzen bringen. Unsere Gegenleistung sollte sein, dass wir die Pflanzen so bei uns beherbergen, dass sie sich absolut wohl fühlen können. Das bedeutet, die richtige Pflanze am richtigen Ort aufzustellen. Immer wieder kann man beobachten, dass die meisten Pflanzen lediglich in den Wohnzimmern und, wo vorhanden, im Wintergarten stehen. In einer Wohnung gibt es aber auch noch andere Räume. Küche, Schlaf- und Badezimmer, Diele und Treppenhaus sind nicht zu vergessen. Pflanzen, die keine allzu hohen Temperaturansprüche stellen, können sehr gut in der Küche oder auch im Schlafzimmer ihren Platz finden. Wenn sie gleichzeitig auch noch weniger Licht brauchen, kann man das Treppenhaus und den Flur damit begrünen. Selbst im Badezimmer können, ausreichend Licht vorausgesetzt, Pflanzen stehen oder hängen, die eine höher Luftfeuchtigkeit vertragen.

Komfortable Blumenfenster

Die meisten Pflanzen finden bei uns ihren Platz, ohne dass größere Umbauten erforderlich sind. Ein richtiges Blumenfenster bietet allerdings sehr viel komfortablere Voraussetzungen. Zu einem zünftigen Blumenfenster gehören eine oder aber mehrere trogartige Ausschachtungen, eine wasserdichte Pflanzwanne und geeignete Belüftungs- und Schattierungsvorrichtungen. Das Ganze kann dann noch durch den Einbau einer Bodenheizung und die Installation von Pflanzenleuchten optimiert werden.

Licht als Wachstumsfaktor

Berücksichtigen wir nochmals die Lichtbedürfnisse. Auf die Gemeinsamkeiten von Mensch und Pflanze, was die Lichtbedürfnisse anbetrifft, wurde bereits bei der Winterdepression hingewiesen. Licht ist der begrenzende Wachstumsfaktor während der Wintermonate. Pflanzen, die unter Lichtmangel leiden, wachsen nicht mehr zügig, die Blätter bleiben kleiner, können sich gelb verfärben und werden abgeworfen. Ein übermäßiges dünnes Längenwachstum der Triebe ist ebenfalls bezeichnend für Lichtmangel. Bei den Pflanzenliebhabern hört man dann immer wieder das Argument: „Die Pflanzen stehen doch direkt am Fenster. Sie haben doch Licht. Das muss doch reichen!" Wenn man der Sache nachgeht, muss berücksichtigt werden: Ist das Fenster nach Osten, Westen, Norden oder Süden ausgerichtet? Handelt es sich um eine ganze Fensterfront oder nur um ein relativ kleines Fensterchen? Die Lichtverhältnisse in einer Atelierwohnung mit großen Dachfenstern sind anders als in Häusern mit vorgezogenen Dächern bei kleinen Fenstern. Das menschliche Auge reagiert auf Licht anders als die Pflanzen. Was für unser Auge hell erscheinen mag, reicht an Helligkeit für die Pflanzen oftmals nicht aus. Außerdem nimmt die Lichtintensität schon bei einer Entfernung vom Fenster von nur einem Meter bereits um die Hälfte ab. Gardinen und/oder Vorhänge am Fenster sind ebenfalls Lichtschlucker. Aus diesem Grunde ist es schon günstig, die Pflanzen während der dunklen Jahreszeit (wenigstens stundenweise) mit zusätzlichem Licht zu versorgen. Im Fachhandel sind die extra dafür notwendigen **Pflanzenleuchten** erhältlich. Diese haben ein ganz anderes Lichtspektrum als unsere normalen Glühbirnen.

Pflanzenleuchten helfen während der Wintermonate den Pflanzen und den Menschen.

Kleine Blätter und vergeilte Triebe: ein Zeichen für Lichtmangel

Links: Sonnenbrand
Rechts: gesunde Pflanze

RAUMTEMPERATUREN

Neben den Lichtverhältnissen sind auch die Raumtemperaturen für das Wachstum der Pflanzen, besonders in den Wintermonaten, von entscheidender Bedeutung. Die Bedürfnisse hinsichtlich Licht und Temperatur sind in der Tabelle auf Seite 42 zusammengestellt. Es gibt Pflanzen wie die Flamingoblume (*Anthurium*) mit einem ausgesprochenen Wärmebedarf. Andere benötigen niedrigere Temperaturen wie z. B. der Gummibaum, der schon bei 12 °C gut wächst.

RICHTIG GIESSEN

„Wie und wann muss ich meine Pflanzen gießen?“ Diese Frage wird am häufigsten an den Gärtner gestellt. Eine allgemeine Antwort darauf kann er aber nicht geben! Die erforderlichen Wassergaben sind nämlich von den verschiedensten Faktoren abhängig. So benötigen kleinere Pflänzchen natürlich weniger Wasser als große Pflanzen. Eine entscheidende Rolle spielt die Verdunstungsfläche (Blattfläche). Große Pflanzen mit einer großen Blattfläche verdunsten mehr Wasser als kleine Pflanzen. Die meisten Kakteen z. B. verdunsten so gut wie gar kein Wasser. Pflanzen, die in einem relativ lufttrockenen Raum warm stehen, verdunsten mehr Wasser als Pflanzen an einem kühlen Standort mit hoher Luftfeuchtigkeit, wo z. B. die Fenster von innen beschlagen sind.
Pflanzen machen im Laufe eines Jahres ihre Wachstums- und Ruhephase durch. Wenn im Frühjahr die Tage wieder heller und länger werden, beginnt die **Wachstumsphase**. Jetzt verlangen die Pflanzen mehr Wasser und auch mehr Dünger. In den lichtarmen Monaten November bis Februar findet dann die **Ruhephase** statt. Jetzt wird sparsamer gegossen. Es hat sich in dieser Zeit aber bewährt, wenn man die Blätter der Pflanzen mehrmals täglich mit Wasser besprüht.

Nasse Füße

Die meisten Fehler, die bei der Pflanzenpflege gemacht werden, sind Gießfehler. Vielfach wird zu viel gegossen! Dies hat zur Folge, dass

TEMPERATUR- UND LICHTTABELLE

Pflanzenname (deutsch, *botanisch*)	**Mindesttemperatur in °C**			**Lichtanspruch in Lux**		
	8	**12**	**16**	**500**	**800**	**>1000**
Aloe, *Aloe*			X			X
Alpenveilchen, *Cyclamen*		X				X
Baumfreund, *Philodendron*			X		X	
Birkenfeige, *Ficus*		X				X
Bogenhanf, *Sansevieria*			X	X		
Drachenbaum, *Dracaena*		X		X		
Dieffenbachie, *Dieffenbachia*			X		X	
Efeu, *Hedera*	X					
Efeutute, *Epipremnum*			X			
Flamingoblume, *Anthurium*			X			
Flammendes Käthchen, *Kalanchoe*			X			
Grünlilie, *Chlorophytum*	X			X		
Kentia-Palme, *Howeia*		X		X		
Kolbenfaden, *Aglaonema*			X	X		
Korbmarante, *Calathea*		X			X	
Kroton, *Codiaeum*			X			X
Palmlilie, *Yucca*			X		X	
Purpurtute, *Syngonium*			X	X		
Schwertfarn, *Nephrolepis*		X				X
Strahlenaralie, *Schefflera*		X		X		

Schlappe Blätter an der ganzen Pflanze: Zeichen für Trockenschaden

Vereinzelt schlappe Blätter neben noch gesunden Blättern: Zeichen für Staunässe

es in dem Gefäß zu Staunässe im Wurzelbereich kommt. Das Zuviel an Wasser verdrängt den für die Pflanzenwurzeln lebensnotwendigen Sauerstoff. Dadurch erkranken die Wurzeln und das Gleichgewicht zwischen Wurzeln und oberirdischen Pflanzenteilen wird gestört. Die reduzierten Wurzeln können die oberirdischen Pflanzenteile nicht mehr ausreichend mit Wasser und Nährstoffen versorgen, was dann zur Folge haben muss, dass oberirdische Pflanzenteile absterben. Erst werden die Blätter braun, dann gelb, dann fallen sie ab. Pflanzenfreunde vermuten, dass dies die Reaktion von zu wenig Wasser sei und gießen noch mehr. Aber damit wird die ganze Angelegenheit leider nur verschlimmert!

Zu trockene Pflanzen

Betrachten wir einmal die Natur draußen um uns herum. Da gibt es mehr oder weniger lange Regenperioden, die abgelöst werden von Trockenperioden. Dies sollte man beim Gießen ebenfalls berücksichtigen. Sind die Pflanzen zu trocken, kann man das daran erkennen:

▶ Alle Blätter werden schlapp. Wird dann nicht sofort gewässert, vertrocknen sie relativ schnell.

▶ Hebt man die Pflanze hoch, ist sie leicht. In die Höhe wachsende Pflanzen können bei trockenem Wurzelballen unter Umständen sogar mit dem Topf umkippen.

Wasser in Übertöpfen

Dass Pflanzen zu trocken werden, kommt ganz selten vor. Der umgekehrte Fall ist viel häufiger zu beobachten. In diesem Zusammenhang muss unbedingt darauf hingewiesen werden, dass in den Untersetzern und auch in den Übertöpfen das Wasser niemals stehen bleiben darf. Pflanzen vertragen, von ganz wenigen Ausnahmen wie Zyperngras abgesehen, keine nassen Füße. Was hier für das Gießen gesagt wurde, gilt auch für das Düngen.

Eisenmangel, ein Schaden nicht parasitärer Art bei der Zimmerlinde

Viele Wurzeln und wenig Erde: Jetzt muss unbedingt umgetopft werden.

OPTIMAL DÜNGEN

Richtig düngen kann man nur, wenn man die Nährstoffbedürfnisse der Pflanzen einigermaßen kennt. Während der Ruhephase, in der sowieso weniger gegossen wird, werden Düngergaben auch seltener oder besser gar nicht verabreicht. Was würde es der Pflanze auch nützen, wenn man ihr Dünger gibt, in der Zeit, in der sie eigentlich ihre natürliche Ruhephase einhält? Wir können davon ausgehen, dass die meisten Erden vom Hersteller schon mit einer ausreichenden Menge an Nährstoffen versorgt worden sind. Es kann sich also nur um eine Ergänzung der verbrauchten Nährstoffe handeln, wenn wir in der Wachstumsphase der Pflanzen entsprechend nachdüngen. Da die meisten Blumendünger auf organischer Basis aufgebaut sind, besteht für salzempfindliche Pflanzen wie Azaleen, Farne und andere keine Gefahr. Die Hersteller von Blumendüngern haben ihre Produkte mit leicht handhabbaren Dosiersystemen ausgestattet, sodass die Anwendung sehr einfach und sicher ist. Auf den Packungen ist der prozentuale Anteil der Hauptnährstoffe angegeben, und zwar in folgender Reihenfolge: Stickstoff (N), Phosphor (P) und Kalium (K). Auf dem Markt gibt es eine Menge Produkte, die auf die einzelnen Pflanzenarten abgestimmt sind, wie z. B. Dünger für blühende Pflanzen, für Grünpflanzen, Zitruspflanzen usw.

ZEIT FÜR GRÖSSERE TÖPFE

Was nun den richtigen Umpflanztermin anbetrifft, den bekommt man, wenn man die Pflanzen von Zeit zu Zeit aus dem Topf herausnimmt. Man kann dann den Zustand der Bewurzelung sehr gut erkennen. Sind nur wenige Wurzeln und noch viel Erde zu sehen, ist es zum Umtopfen noch zu früh. Erst wenn viele Wurzeln und nur noch wenig Erde zu sehen ist, ist der richtige Zeitpunkt zum Umtopfen gekommen. Diese Aktion führt man am besten im Frühjahr durch. Vor dem „Osterputz“ etwa, dann kann man nämlich die Spuren der Umpflanzaktion gleich mit beseitigen.
Nach dem Umtopfen, so machen es auch die Profis, sollte man die Pflanzen eine Zeit lang etwas trockener halten. Die neu zu bildenden Wurzeln müssen dann nämlich Nahrung suchen und werden dadurch angeregt, sich schneller zu entwickeln.

Das passende Substrat

Als neues Substrat sollten Einheitserden verwendet werden. Reine Torfsubstrate sind weniger gut geeignet. Sie verlieren schneller ihre Struktur und neigen zur Verschlämmung. Bei der Substratauswahl sollte auf jeden Fall auf Qualität geachtet werden. Undefinierte Sonderangebote sind keine gute Grundlage für gesunde Pflanzen.

Pflanzgefäße auswählen
Und welche Pflanzgefäße sind geeignet? Tontöpfe sollten den Plastiktöpfen vorgezogen werden. Trockene Pflanzen, die gegossen werden müssen, kann man nämlich auch daran erkennen: Klopft man mit dem Knöchel an den Tontopf und klingt es dabei hohl, sollte gegossen werden.

PFLANZEN IN HYDROKULTUR

Das Problem mit der Erdauswahl hat man dann nicht, wenn man sich für die Hydrokultur entscheidet. Bei Pflanzen in Hydrokultur können gravierende Gießfehler nicht gemacht werden. Aber auch hier ist darauf zu achten, dass während der winterlichen Ruhephase der Wasserstandsanzeiger möglichst langfristig immer nur auf „Minimum" steht. Während der Wachstumsphase allerdings sollte sich der Wasserstand im „Optimum" bewegen. Aber selbst dann ist es vorteilhaft, wenn er immer mal wieder absinkt, um entsprechend aufgefüllt zu werden.
Wenn der Wasserstand stets auf „Maximum" gehalten wird, können an den Hydropflanzen dieselben Wurzelschäden entstehen, wie dies in der Erdkultur durch zu hohe Wassergaben immer wieder beobachtet werden kann.

Geringer Pflegeaufwand
Ganz allgemein kann man feststellen, dass es etwas einfacher ist, die Hydrokulturen zu pflegen. Der geringere Pflegeaufwand im Vergleich zur Erdkultur dürfte wohl auch der Grund sein, dass sich immer mehr Pflanzenliebhaber für die Hydrokultur entscheiden. Die Pflanzen stehen dabei in einem Hydrotopf, der sich wiederum in einem größeren Gefäß (Übergefäß) befindet. Damit die Pflanzen darin nicht umkippen, wird das Übergefäß mit Blähton aufgefüllt. Von den Wurzeln befindet sich lediglich ein Teil ständig in einer wässrigen Nährlösung.

Alle notwendigen Hydrokulturutensilien auf einen Blick: Blähton, Kulturtöpfe, Wasserstandsanzeiger und Gefäße

Schildläuse, gefürchtete Schädlinge an Zimmerpflanzen

Wollläuse, eine Delikatesse für den Australischen Marienkäfer

Weiße Fliegen befallen eine ganze Reihe von Zimmerpflanzen.

GESUNDE PFLANZEN

Die Pflanzen sollen und können für den Menschen gesundheitlich positive Aspekte bringen. Dies alles kann natürlich nur dann gut funktionieren, wenn diese Pflanzen gesund und leistungsfähig sind. Manchmal, aus welchen Gründen auch immer, können die Pflanzen aber auch erkranken. Es ist dabei zu unterscheiden zwischen Schäden, die durch Pflegefehler verursacht wurden (nicht parasitäre Schäden), und solche, die durch Viren, Bakterien, Pilze oder tierische Schädlinge entstanden sind (parasitäre Schäden).
Dass vorbeugen besser ist als heilen, ist eine Binsenweisheit. Gerade in diesem Zusammenhang, in dem die Pflanzen aus gesundheitlich positiven Aspekten betrachtet werden, wäre es jedoch völlig widersinnig, die von den Pflanzen schadstoffgereinigte Luft durch den Einsatz von Pflanzenschutzmittel wieder zu belasten.

Viren und Bakterien

Zur Bekämpfung von selten vorkommenden Viruserkrankungen und Bakterienkrankheiten an Zimmerpflanzen stehen keine Präparate zur Verfügung. Die befallenen Pflanzen daher wegwerfen.

Pilzliche Schaderreger

Von der großen Vielzahl an pilzlichen Schaderregern leiden unsere Zimmerpflanzen meist nur an der **Wurzelfäule** *(Pythium sp.)*. Diese Krankheit wird in der Hauptsache durch Staunässe im Wurzelbereich gefördert. Die zu hohen Wassergaben sind ein idealer Nährboden für die Pilzkrankheit. Umtopfen, mechanisches Entfernen der kranken Wurzeln und dann trocken halten sind die wirksamsten Bekämpfungsmaßnahmen. Dann gibt es noch einen Blattfleckenpilz, den **Echten Mehltau**. Die kranken Pflanzenteile (Blätter, Stängel und Blüten) bekommen einen weißen, mehlartigen Überzug. Bei mehltaugefährdeten Pflanzen sollte auf das Besprühen der Blätter mit Wasser verzichtet werden. Voraussetzung für die Infektion sind nämlich nasse oder feuchte Blätter. Bei beginnendem Befall sollten die kranken Pflanzenteile ausgeschnitten werden. Der Einsatz von Präparaten auf Basis von Lecithin kann dann empfohlen werden.

Tierische Schädlinge

Etwas komplizierter ist da schon die Bekämpfung von tierischen Schädlingen. Blattläuse, Schild-, Woll- oder auch Schmierläuse, Thripse, die Weiße Fliege und die Spinnmilben zählen zu den Hauptschädlingen. Bei der Bekämpfung tierischer Schädlinge können eine Reihe von Nützlingen eingesetzt werden:

Zur **Blattlausbekämpfung** die räuberischen Gallmücken: Versandeinheit 80 Puppen der Gallmücke, ausreichend für 10 m^2 Fläche. Oder aber Florfliegen, die gleichzeitig die **Thripse** vernichten: Versandeinheit 100 Florfliegenlarven, ausreichend für 10 m^2.

Blasenfüße (Thripse) vermehren sich meist unbemerkt.

Zur **Woll-** oder **Schmierlausbekämpfung** können Australische Marienkäfer zum Einsatz kommen: Versandeinheit acht erwachsene Käfer. Ein Käfer vertilgt im Laufe seines Lebens ca. 250 Wollläuse.

Zur Bekämpfung der **Weißen Fliege** eignen sich Schlupfwespen. Sie sind kleiner als die Weißen Fliegen und stechen nicht. Versandeinheit 100 Schlupfwespenpuppen auf Kärtchen, ausreichend für 10 m^2.

Für **Spinnmilben** gibt es die Raubmilben: Versandeinheit 100 Raubmilben, ausreichend für 10 m^2.

Schildläuse und **Thripse** werden mit einem Rapsölprodukt oder aber mit Insektizidstäbchen, die in die Erde gesteckt werden, bekämpft.

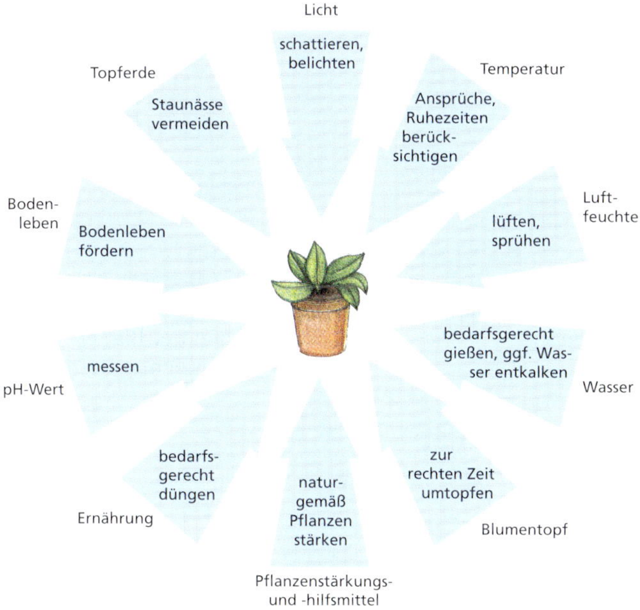

Modell des integrierten Pflanzenschutzes

Pflanzen stellen sich vor

Name, Familie, meine Herkunft

Kennt man den Namen der Pflanzen, ihre Familie und ihre Herkunft, wird die richtige Pflege erleichtert.

Aglaonema **– gern gesehen und anspruchslos**

Es gibt eine Vielzahl von Pflanzen, die geeignet sind, die Bedingungen in unseren Wohn- und Geschäftsräumen zu verbessern. Aber eines geht natürlich nicht: Irgendwo irgendwelche Pflanzen hinzustellen und zu sagen: „Nun verbessert mal schön die Luft!“ Hier müssen schon bestimmte Voraussetzungen, gewisse Bedingungen erfüllt werden. Zu den erforderlichen Grundbedingungen gehört in erster Linie, dass die Anforderungen, die die Pflanzen an das Licht stellen, erfüllt werden. Dies gilt besonders für die lichtarme Zeit November bis März. Eine zweite Grundbedingung ist, dass die erforderlichen Temperaturen gegeben sind, die von den einzelnen Pflanzen benötigt werden. Übrigens ist es längst erwiesen, dass Pflanzen, die eine besondere Zuwendung von uns Menschen bekommen, sich besonders gut entwickeln. Im Volksmund sagt man den Menschen, die das besonders gut können,

Solitärpflanzen bieten einen angenehmen Aufenthalt und laden zur Entspannung und zum Verweilen ein.

nach, sie hätten einen so genannten grünen Daumen. Damit auch Ihr Daumen zu einem grünen Daumen wird, sind hier einige der wichtigsten Zimmerpflanzen porträtiert. Die Angaben sind stichwortartig und kurz gehalten. Sie können und wollen weiterführende Literatur über Zimmerpflanzen nicht ersetzen.

Machen wir doch einfach die Pflege der Zimmerpflanzen zu unserem Hobby! Unser Wohlbefinden wird sich steigern!

Anthurium – eine bekannte blühende Zimmerpflanze

ALOE
Aloe variegata

Familie: *Liliaceae* (Liliengewächse)
Heimat: Südafrika
Standort: Sonnig, kann im Sommer draußen stehen. Im Winter Temperaturen von 4–6 °C ausreichend, heller Standort.
Pflege: Benötigt auch im Sommer wenig Wasser. Beim Gießen ist darauf zu achten, dass kein Wasser zwischen den fleischigen Blättern der Pflanze stehen bleibt. Als Topferde ist ein wasserdurchlässiges Substrat (Kakteenerde) erforderlich.

FLAMINGOBLUME
Anthurium andreanum

Familie: *Araceae* (Aronstabgewächse)
Heimat: Tropische Regenwälder Mittel- und Südamerikas
Standort: Hell bis halbschattig, keine direkte Sonne. Im Winter braucht die Pflanze viel Licht. Normale Zimmertemperatur, im Winter nicht unter 18 °C.
Pflege: Beim Gießen kalkarmes Wasser verwenden. Liebt höhere Luftfeuchtigkeit. Beim Umtopfen möglichst grobfaserigen Weißtorf verwenden. Bei normaler Blumenerde sollte man zur Auflockerung Styromullflocken untermischen. Bei Staunässe im Wurzelbereich kommt es zu einer Fäule an den dicken, fleischigen Wurzeln. Wird Befall festgestellt, können die kranken Wurzeln relativ leicht entfernt werden. Bei direkter Sonne Sonnenbrand. Düngen von März bis August, dann Ruhephase einhalten. Anthurien können leicht von Blattläusen und von Schildläusen befallen werden. Eine Be-

Die Korbmarante ist sehr wärmeliebend.

Stehen die Pflanzen zu dunkel und zu warm, bekommen die Blätter lange, weiche Stiele und vergilben. Gut gepflegte Pflanzen können über mehrere Jahre zum Blühen gebracht werden. Da die Knolle und die jungen Blatt- und Blütenknospen möglichst trocken gehalten werden müssen, ist es besser, von unten über den Untersetzer zu gießen - vor allem, wenn die Knolle tiefer in der Erde sitzt. Vorsicht! Überschüssiges Wasser etwa 30 Minuten nach dem Gießen entfernen.
Für die Weiterkultur die verblühten Pflanzen umtopfen und warm und schattig aufstellen. Die Blätter sollten erhalten bleiben. Beginnt der Neuaustrieb, kann das alte Laub entfernt werden. Gedüngt wird das ganze Jahr hindurch, während der Blütezeit alle 2 Wochen, nach der Blüte wöchentlich. Gelegentlich werden die Pflanzen von Blattläusen befallen, die biologisch mit Florfliegen oder Räuberischen Gallmücken effektiv bekämpft werden können.

ZYPERNGRAS / PAPYRUSSTAUDE
Cyperus papyrus

Familie: *Cyperaceae* (Riedgrasgewächse)
Heimat: Mittelmeer, Zentralafrika
Standort: Hell und sonnig, auch während der Wintermonate hell. Zimmertemperatur. Im Winter um 18 °C.
Pflege: Die Pflanzen in stets mit Wasser gefüllten Untersetzern zu halten (Sumpfpflanzen). Umgetopft werden sollte alle 1-2 Jahre. Gedüngt wird von Mai bis September alle 1-2 Wochen. Gelegentlich werden die Pflanzen von Spinnmilben befallen.

DIEFFENBACHIE
Dieffenbachia maculata (picta)

Familie: *Araceae* (Aronstabgewächse)
Heimat: Regenwälder von Mittel- und Südamerika
Standort: Hell. Steht die Pflanze zu dunkel, bleichen die Blattzeichnungen aus. Normale Zimmertemperaturen um 20 °C.
Pflege: Staunässe im Wurzelbereich vermeiden. Die Pflanzenwurzeln gehen sonst in Fäulnis über. Wasserdurchlässiges Substrat verwenden. Von Mai bis September wöchentlich einmal, während der Wintermonate alle 2-3 Wochen düngen. Schneidet man die zu groß gewordenen Pflanzen im späten Frühjahr zurück, erhält man von unten einen neuen Blattaustrieb. Vorsicht! Stängel und Blätter von Dieffenbachien sind giftig. Der Pflanzensaft enthält Strychnin. Bei Kontakt kann es zu Ätzungen an der Haut und zu Entzündungen an den Schleimhäuten kommen. Dieffenbachien sind daher nicht geeignet für Räume, in denen sich Kinder aufhalten.
Dieffenbachien können von einer Bakterienkrankheit am Stängelgrund befallen werden. Dieser wird matschig, Blätter werden gelb. Gefördert wird der Befall durch zu hohe Wassergaben. Die Pflanzen wegwerfen, da man Bakteriosen nicht, wie in anderen Ländern üblich, mit Antibiotika bekämpfen darf.

Blühendes Zyperngras in einem schönen Übertopf

DRACHENBAUM / DRACAENE
Dracaena fragrans

Familie: *Agavaceae* (Agavengewächse)
Heimat: Tropisches und subtropisches Asien und Afrika
Standort: Hell, aber keine direkte Sonne. Normale Zimmertemperatur, im Winter nicht unter 16 °C.
Pflege: Dracaenen lieben höhere Luftfeuchtigkeit, daher Blätter des Öfteren mit Wasser besprühen. Bei zu groß gewordenen Pflanzen ist ein radikaler Rückschnitt möglich. Staunässe vermeiden. Von Mai bis September alle 2 Wochen einmal düngen. Umtopfen normalerweise alle 2 Jahre.

Drachenbaum – anspruchsloser Helfer beim Schadstoffabbau. Sollte in keiner Wohnung fehlen.

EFEUTUTE
Epipremnum (Scindapsus) aureus

Familie: *Araceae* (Aronstabgewächse)
Heimat: Südostasien
Standort: Keine hohen Lichtansprüche. Normale Zimmertemperaturen, während der Wintermonate auch etwas kühler.
Pflege: Liebt höhere Luftfeuchtigkeit. Als Hänge- oder Kletterpflanze sehr geeignet. Staunässe fördert die Wurzelfäule. Von März bis September regelmäßig düngen.

BIRKENFEIGE
Ficus benjamina

Familie: *Moraceae* (Maulbeergewächse)
Heimat: Indien
Standort: Hell, aber keine direkte Sonne. Normale Zimmertemperatur, im Winter nicht unter 18 °C.
Pflege: Steht sie zu dunkel und wird zu viel gegossen, kommt es zu Blattfall. Von Frühjahr bis Herbst regelmäßig düngen. Im Winter mit der Düngung aussetzen. Liebt höhere Luftfeuchtigkeit. Bei Schildlausbefall Pflanzenzäpfchen auf der Basis von Imidacloprid einsetzen.

Die Efeutute besitzt bunt gefleckte Blätter.

GERBERA
***Gerbera*-Hybriden**

Familie: *Compositae* (Korbblütler)
Heimat: Südafrika
Standort: Hell und sonnig,

im Sommer auch im Freiland. Normale Zimmertemperatur. Im Winter auch etwas kühler, ca. 15 °C.
Pflege: Vermeidung von Staunässe verhindert Wurzelfäule. Häufig können Weiße Fliegen vorkommen. Der Befall kann biologisch durch den Einsatz von Schlupfwespen getilgt werden. Auch die Verwendung von Gelbstickern ist eine Bekämpfungsmöglichkeit.

Die Birkenfeige darf nicht zu dunkel stehen.

Dracaena marginata – eine andere Art des Drachenbaumes

Gerberablüten bringen Farbe in die Wohnung.

EFEU
Hedera helix

Familie: *Araliaceae* (Araliengewächse)
Heimat: Europa
Standort: Hell, verträgt ebenso Schatten. Normale Zimmertemperatur. Im Winter werden auch noch 16 °C gut vertragen. Als Ampel- oder Kletterpflanze bestens geeignet.

Flammendes Käthchen – an einem hellen Standort unempfindlich

Pflege: Staunässe unbedingt vermeiden. Es sollte jährlich umgetopft werden in ein sehr wasserdurchlässiges Substrat. Während der Vegetationszeit März bis September wöchentlich einmal düngen. In der Ruhephase, Oktober bis Februar, nur alle 3 Wochen nachdüngen. Pflanzen können befallen werden von Schildläusen und Spinnmilben. Spinnmilben können biologisch mit Raubmilben gut bekämpft werden. Zur Schildlausbekämpfung Pflanzenstäbchen auf der Basis von Imidacloprid verwenden. Tritt Wurzelfäule auf, ist dies ein Zeichen von Staunässe.

FLAMMENDES KÄTHCHEN
Kalanchoe blossfeldiana

Familie: *Crassulaceae* (Dickblattgewächse)
Herkunft: Tropisches Afrika, Asien und Amerika
Standort: Hell, bei Temperaturen um 20 °C. Stehen sie zu dunkel, verblassen die Blütenfarben.
Pflege: Man kann versuchen, die verblühten Pflanzen wieder zum Blühen zu bringen. Dafür ist ab Oktober eine Ruhezeit einzuhalten. Düngen von Mai bis August nur einmal alle 2 Wochen. Selbst im Sommer sparsam gießen. Im Winter noch weniger. Pflanzen vertragen Ballentrockenheit. Beim Umtopfen Kakteenerde verwenden.

Schwertfarn – Ampelpflanze, liebt feuchte Luft.

SCHWERTFARN / NIERENSCHUPPENFARN
Nephrolepis exaltata

Familie: *Polypodiaceae* (Tüpfelfarngewächse)
Heimat: Tropische und subtropische Gebiete
Standort: Farne vertragen keine direkte Sonneneinstrahlung. Sie können ruhig etwas dunkler gehalten werden. Schwertfarn fühlt sich bei normalen Zimmertemperaturen wohl. Kann aber noch gut an Standorten bei 10 °C gehalten werden.
Pflege: Pflanzen lieben eine hohe Luftfeuchtigkeit. Blätter sollten daher, wenn die Pflanze im zentral geheizten Zimmer steht, mit Wasser eingesprüht werden. Während der Sommerzeit wöchentlich ein-

Efeu eignet sich als Unterpflanzung größerer Pflanzen.

mal düngen, in den Wintermonaten Düngung aussetzen. Wenn die Pflanzen von Schildläusen befallen sind, Pflanzenzäpfchen auf der Basis von Imidacloprid verwenden.

BAUMFREUND
Philodendron selloum

Familie: *Araceae* (Aronstabgewächse)
Heimat: Brasilien
Standort: Hell oder halbschattig. Für helle Treppenhäuser geeignet.
Pflege: Es muss reichlich gegossen werden. Aber Vorsicht: Staunässe im Wurzelbereich fördert Wurzelschäden. Von Frühjahr bis Herbst alle 1-2 Wochen düngen. In den Wintermonaten aber nur alle 4-6 Wochen. Umgetopft wird nach Bedarf. Zu groß gewordene Pflanzen können nach dem Austrieb entsprechend zurückgeschnitten werden. Pflanzen werden gern von Schildläusen befallen, die mit Pflanzenzäpfchen auf der Basis von Imidacloprid bekämpft werden können.

BOGENHANF / SANSEVIERIE
Sansevieria trifasciata

Familie: *Agavaceae* (Agavengewächse)
Heimat: Tropisches Afrika
Standort: Wir haben es hier mit einem „Zimmerhelden" zu tun, der alles akzeptiert. Ein heller Standort wird bevorzugt. Am besten entwickelt sich die Pflanze bei Temperaturen von 15-22 °C. Sinken die Temperaturen auf unter 10 °C, muss sie absolut trocken gehalten werden.
Pflege: Während der Sommermonate ausreichend feucht halten. Staunässe im Wurzelbereich vermeiden! In dieser Zeit wird wöchentlich 1-2-mal gedüngt. Düngung in den Wintermonaten aussetzen. Man kann die Pflanze durch Teilung beim Umtopfen leicht selbst vermehren. Am geeignetsten ist Kakteenerde. Beim Gießen darauf achten, dass kein Wasser in den Blattrosetten stehen bleibt. Wird dies nicht beachtet, kann es zu einer Stammfäule kommen.

Bogenhanf – ein anspruchsloser Zimmerheld

Philodendron – eine beliebte Rank- oder Hängepflanze

FINGERARALIE / STRAHLENARALIE
Schefflera elegantissima

Familie: *Araliaceae* (Aralien-gewächse)
Heimat: Australien, Südsee-inseln
Standort: Äußerst anspruchslose Zimmerpflanze. Hell, aber auch halbschattig, bei normalen Zimmertemperaturen von 18-22 °C und auch sogar noch wärmer. Warmhauspflanze.
Pflege: Von Oktober bis Februar Ruhephase. Es sollte in der Zeit höchstens alle 4 Wochen einmal, wenn überhaupt, gedüngt werden. Während der Wachstumsphase wird dagegen alle 2 Wochen regelmäßig einmal gedüngt. Jüngere Pflanzen alle 1-2 Jahre, ältere dagegen seltener umtopfen. Wasserdurchlässiges Substrat verwenden. Pflanzen reagieren mit Wurzelschäden auf Staunässe. Ballentrockenheit muss unbedingt verhindert werden. Gelegentlich kann es zu einem Schildlausbefall kommen. Zur Bekämpfung sind Pflanzenzäpfchen auf der Basis von Imidacloprid geeignet.

Schefflera gedeiht ebenso an dunkleren Standorten.

Das Einblatt kommt mit einem dunkleren Standort zurecht, Staunässe sollte vermieden werden.

EINBLATT / SCHEIDENBLATT
Spatiphyllum wallisii

Familie: *Araceae* (Aronstab-gewächse)
Heimat: Feuchtwarme Regionen des tropischen Regenwaldes
Standort: Schattig bis halbschattig, ist mit wenig Licht vollauf zufrieden. Bei normalen Zimmertemperaturen, die aber nicht unter 18 °C liegen dürfen. Verträgt keine Ballentrockenheit und reagiert auf Staunässe mit

Purpurtute – braucht einen hellen Standort.

Wurzelschäden. Die Pflanzen lieben eine höhere Luftfeuchtigkeit, daher die Blätter während der Heizperiode des Öfteren mit Wasser besprühen. Düngung von Frühjahr bis in den Herbst wöchentlich einmal. Im Winter dagegen nur alle 2–3 Wochen einmal. Pflanze kann beim Umtopfen durch Teilung vermehrt werden.

PURPURTUTE *Syngonium podophyllum*

Familie: *Araceae* (Aronstabgewächse)
Heimat: Tropische Gebiete Südamerikas
Standort: Hell, jedoch nicht sonnig. Buntblättrige Arten sollten an einem helleren Standort stehen, die schönen Blattzeichnungen gehen sonst verloren. Normale Zimmertemperatur, jedoch nicht unter 18 °C, aber bis zu 30 °C, wenn es sein muss. Eignet sich sowohl als Kletter- wie auch als Ampelpflanze.
Pflege: Staunässe vermeiden (Wurzelschäden). Düngen von Frühjahr bis Herbst alle 1–2 Wochen einmal. In den Wintermonaten höchstens alle 4–6 Wochen einmal.

PALMLILIE *Yucca aloifolia*

Familie: *Agavaceae* (Agavengewächse)
Heimat: Nord- und Mittelamerika
Standort: Hell, ohne direkte Sonnenbestrahlung (Blattverbrennungen). Normale Zimmertemperaturen. Im Winter werden auch noch 10–15 °C gut vertragen.
Pflege: Braucht sehr wenig Wasser, Ballentrockenheit vermeiden. Staunässe im Wurzelbereich wird absolut nicht vertragen und führt zu Wurzelfäule. Pflanzen sind wenig anspruchsvoll und sehr pflegeleicht. Düngung von Frühjahr bis Herbst alle 2 Wochen einmal. Im Winter keine Düngung. Sind die Pflanzen zu groß geworden, können sie zurückgeschnitten werden. Es bilden sich Stammaustriebe im unteren Bereich.

Gelegentlich kann es zu einem Schildlausbefall kommen, der mit Pflanzenzäpfchen auf der Basis von Imidacloprid gut beseitigt werden kann.

Palmlilien hell und luftig stellen

KOSMOS-BÜCHERTIPPS

Erfkamp, J.: So blühen und gedeihen Orchideen. 1996.
Flehmig, A.: Hydrokultur einfach und erfolgreich. 1997.
Fortmann, M.: Gesunde Zimmerpflanzen. 1995.
Heuer, S.: Großmutters Zimmerpflanzen. 1997.
Kleiner, E.: Kakteen drinnen und draußen. 1999.
Kötter, E.: Der Zimmerpflanzendoktor. 1999.
Wolff J. (Hrsg.): Kursbuch Zimmerpflanzen. 1996.

BEZUGSQUELLEN

Geeignete Zimmerpflanzen sowie Töpfe, Kästen und dekoratives Zubehör bekommen Sie im örtlichen Fachhandel (Gärtnereien, Gartencenter, Baumärkte etc.). Sie finden die Adressen in Ihrem Branchenfernsprechbuch.
In einschlägigen Gartenzeitschriften können Sie sich über das Angebot von speziellen Anbietern, z. B. von Hydrokulturen und Zimmerbrunnen informieren.

KOSMOS Postfach 10 60 11
D-70049 Stuttgart
TELEFON +49 (0)711-2191-0
FAX +49 (0)711-2191-422
WEB www.kosmos.de
E-MAIL info@kosmos.de

REGISTER

Fett gedrucke Seitenzahlen weisen auf Abbildungen hin.

BILDNACHWEIS

Mit **88 Farbfotos** von:
Bildagentur ipo, Linsengericht (S. 13); Ursel Borstell, Essen (S. 12 o, 30, 37); CMA, Bonn (S. 18/19, 50 ure, 52 uli beide, 58 uli, 59 ure); Norbert Fasching, Gärtringen (S. 27 ure); Fotodienst Fehn, Lage (S. 3, 5, 10 re, 11, 17, 33, 35, 39 ore, 41 uli, 43 li, 50 oli, 53, 54 ore, 55 ore, 56 li, 56/57 u, 57 ore, 58 ore); Ellen Henseler, Bonn (S. 6 uli, 16 ore, 27 ore, 39 ure, 41 ore, 41 ure, 43 re, 44 oli, 46 li, 46 M, 47 beide); Bernd Kottal, Mosbach (S. 6 oli, 26 o, 32); NASA (S. 24); Wolfgang Redeleit, Bienenbüttel (S. 6 ure, 7, 8 o, 28, 34); Reinhard-Tierfoto, Heiligkreuzsteinach-Eiterbach (S. 10 li, 38, 46 re, 48 oli, 51 oli, 52 ore, 55 ure, 56/57 o, 57 ure); Ralf Roppelt, Sahara-Werbeagentur, Stuttgart (S. 1 drei 4 beide, 9, 12 ure, 16 uli, 21, 25, 26 ure, 36, 39 uli, 44 uli, 45, 48 uli, 48/49, 49 re, 51 ure, 54 uli, 54/55, 59 oli, 61); Friedrich Strauß, Au/Hallertau (S. 2 beide, 8 u, 15, 22, 29).

Mit **8 Farbzeichnungen** von:
Atelier Krohmer, Dettingen (S. 14, 23); Wolfgang Lang, Grafenau-Doffingen (S. 20, 31); Horst Lünser, Berlin (S. 40); Horst Lünser/koloriert von Wolfgang Lang (S. 9); Horst Lünser/koloriert von Atelier Krohmer (S. 23); Horst Lünser/koloriert von Reinhild Hofmann, Königsdorf (S. 47).

IMPRESSUM

Umschlaggestaltung: Atelier Reichert, Stuttgart.
Umschlagvorderseite: Fotos von Ursel Borstell (Wintergarten), CMA (Farn).
Umschlagrückseite: Fotos von Ursel Borstell (links), Friedrich Strauß (rechts).
Klappe außen: Reinhard-Tierfoto.
Klappe innen: VAB/U Zwei, Offenburg.

Mit 96 Farbfotos, 8 Farbzeichnungen.
Gedruckt auf chlorfrei gebleichtem Papier.

Die Deutsche Bibliothek – CIP-Einheitsaufnahme
Ein Titelsatz für diese Publikation ist bei
Der Deutschen Bibliothek erhältlich

ISBN 3-440-07300-9
Lektorat: Christiane Theis
Grundlayout: Atelier Reichert, Stuttgart
Gestaltung: Gisela Dürr, München
Satz: Atelier Krohmer, Dettingen/Erms
Printed in Germany / Imprimé en Allemagne
Druck und Buchbinder: Westermann Druck Zwickau GmbH, Zwickau

Extra

AUGEN AUF BEIM PFLANZENKAUF

DAS ANGEBOT SONDIEREN

In Gärtnereien und Gartencentern findet man oft die prächtigsten Pflanzen. Ein überwältigendes Angebot, welches es uns manchmal schwer macht, die richtige Entscheidung zu treffen. Am liebsten würde man sie ja alle mitnehmen – doch da beginnt sie schon, die Qual der Wahl!

EINE FRAGE DES STANDORTES

Von entscheidender Bedeutung ist jetzt erst einmal die Frage, wo die Pflanzen später in unseren Räumen stehen werden. Folgende Auswahlmöglichkeiten gibt es:

Licht und Schatten

Pflanzen für sonnige Standorte (Südfenster mit Schattierungsmöglichkeiten an heißen Sommertagen)
Pflanzen für Vollschatten (Nordfenster oder Standort weit weg vom Fenster allgemein)
Pflanzen für Halbschatten (volles Tageslicht, aber keine direkte Sonneneinstrahlung)

Wärme und Kälte

Pflanzen für warme Räume (15–20 °C)
Pflanzen für temperierte Räume (10–18 °C)
Pflanzen für kühle Räume (9–14 °C)

Geschultes Verkaufspersonal gibt gerne Auskunft. Aber auch anhand der Etiketten, die an den Pflanzen zu finden sind, können Sie Ihre Wahl sicher und bequem treffen.

NUR GESUND AUSSEHENDE PFLANZEN EINKAUFEN

Kauft man in einem Fachgeschäft, kann man davon ausgehen, dass sich die Pflanzen in einem einwandfreien Zustand befinden und gesund sind.
Wenn man allerdings Pflanzen eintauscht, sollte man die Neuankömmlinge vorsichtshalber erst mal für eine gewisse Zeit getrennt vom eigenen Pflanzenbestand platzieren und beobachten (Quarantäne).

Extra

ZIMMERPFLANZENPFLEGE AUF EINEN BLICK

GIESSEN

Daumenprobe („grüner Daumen")! Vor dem Gießen den Daumen in die Erde stecken. Bleiben feuchte Erdkrümel daran hängen, ist die Pflanze noch ausreichend feucht und muss nicht gegossen werden.

DÜNGEN

Die Pflanzen während der winterlichen Ruhephase nicht oder nur ganz wenig düngen.

ZURÜCKSCHNEIDEN

Wenn die Pflanzen zu groß geworden sind, zurückschneiden – am besten im zeitigen Frühjahr. Pflanzen wie Hibiskus, die am einjährigen Holz blühen, sofort nach der Blüte zurückschneiden.

UMTOPFEN

Wenn man bei ausgetopften Pflanzen nur noch die Wurzeln und keine Erde mehr sieht, dann umtopfen. Am besten im Frühjahr vor dem Hausputz, so um die Osterzeit herum.
Beim Einkauf der Erde auf Qualität achten. Das Substrat muss seine wasserdurchlässige Struktur längere Zeit behalten (Einheitserde).
Unten in das Pflanzgefäß, welches mit Abzugslöchern versehen sein muss, eine Drainage (z.B. Topfscherben, Kieselsteine) einbringen.

TÖPFE UND ÜBERTÖPFE

Übertöpfe müssen einen deutlich größeren Durchmesser haben als die eigentlichen Pflanztöpfe. Im Übertopf darf nach dem Gießen das Wasser nicht stehen bleiben.
Handgemachte Terrakottatöpfe können an den Seiten mit Folie wasserdicht gemacht werden. Nach unten hin müssen sie aber offen bleiben.

GESUNDHEITS-CHECK

Die Pflanzen regelmäßig beobachten. Hin und wieder den Staub von den Blättern wischen oder mit dem Staubsauger (schwache Saugstufe) vorsichtig absaugen.
Bei Blattveränderungen nach Schädlingen suchen. Klebrige Blätter sind fast immer ein Anzeichen von Schädlingsbefall.